会話が弾む表現を体に染み込ませる!

英会話 日常表現 活用ドリル 2000+

ESSENTIAL PATTERNS FOR ENGLISH CONVERSATION

ベク・ソンヨプ著

アルク

はじめに

英語のネイティブが多用するパターンは233個！
単語さえ入れ替えれば会話はどんどん進む！

なぜ英会話をパターンで学ぶ必要があるのですか？

大部分の言語にはパターン(pattern)があります。パターンとは、文章に含まれる一定の規則のことを言います。

・わたしはラーメンが好きです。
・わたしはクロワッサンが好きです。

この2つの文章において、「わたしは〜が好きです」がパターンになります。ラーメン、クロワッサン、とうもろこし、アイスクリームなど、単語さえ入れ替えれば限りなく文章を作ることができるのです。そして、日本語と同様に、英語にも頻繁に使われるパターンがあります。

・Can I have a cookie?（クッキーをいただけますか?）
・Can I have more time?（もっと時間をいただけますか?）

この2つの文章において、Can I have 〜?がパターンになります。それに続くa cookie、more timeといった単語を入れ替えるだけで、状況に合わせて自分が望む文章に変えることでききます。言い換えれば、よく使うパターンさえ覚えておけば、自分が望むフレーズを、何でも簡単に話すことができるようになるのです。

なぜ233のパターンなのですか？

英語には無数のパターンがあると思うでしょう。しかし、英語のネイティブが日常会話でよく使うパターンは233個にまとめられるのです。やみくもにたくさんのパターンを覚えるよりも、本当によく使われるパターンだけを正確に覚える方が効率的です。この本では、I'm 〜.、Are you 〜?などの文型、

like、think、wantなどの基本動詞、who、what、howなどの疑問詞別に233個のパターンを34のUnitに分けました。Unitの分類基準を覚えておけば、関連するパターンを思い出し易く、いつのまにか233個のパターンを自由自在に駆使している自分に気付くことでしょう。

本当にこのパターンがよく使われるのですか？

この本で紹介するパターンは、三段階の選定作業を通して選び出した、本当に重要なものです。第一段階では、米国のドラマや映画、新聞、そして、米国人との対話の中から600個のパターンを選びました。第二段階では、専門職に従事する7人の米国人が日常会話で使う表現を追加した後、300個にまで表現を絞りました。最後に、書き言葉的な表現や難しい表現がないか、米国人の大学生に確認して、最終的に最も実用的なパターン233個を選定しました。

どうすればパターンを効果的に覚えられますか？

この本では、233個のパターンに続く単語を入れ替えて、その10倍の例文を作ります。目で読むだけではなく、手で書いて文章を作り、音声を聞きながら口で何度もリピートしてみましょう。はるかに効果的にパターンを覚えることができます。また、学習した内容を思い出せるレビューコーナーも設けました。対話文の中でパターンを復習し、パターンを完璧に自分のものにしましょう。このようにパターン一つ一つを集中して学習していけば、英会話の実力が目に見えてアップすることが感じられるはずです。

どうか233個のパターンを使って、難しくて悩ましかった英会話がずっと簡単になることを期待しています。

ペク・ソンヨプ

この本とダウンロード音声の利用法

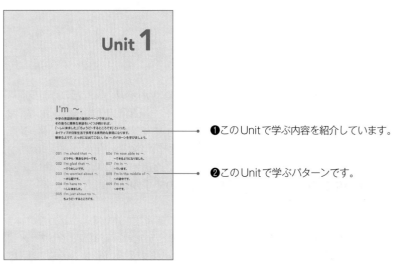

❶このUnitで学ぶ内容を紹介しています。

❷このUnitで学ぶパターンです。

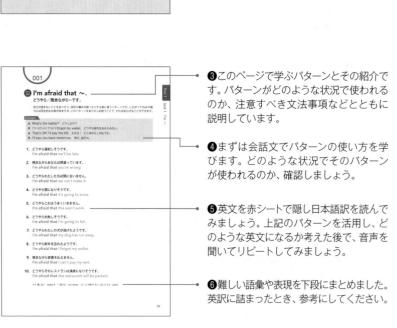

❸このページで学ぶパターンとその紹介です。パターンがどのような状況で使われるのか、注意すべき文法事項などとともに説明しています。

❹まずは会話文でパターンの使い方を学びます。どのような状況でそのパターンが使われるのか、確認しましょう。

❺英文を赤シートで隠し日本語訳を読んでみましょう。上記のパターンを活用し、どのような英文になるか考えた後で、音声を聞いてリピートしてみましょう。

❻難しい語彙や表現を下段にまとめました。英訳に詰まったとき、参考にしてください。

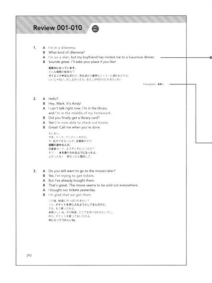

❼ 10個のパターンをまとめて復習するコーナーです。先に習ったパターンを活用し、どのような英文になるか考えた後で、音声を聞いてリピートしてみましょう。

❽ 難しい語彙や表現を下段にまとめました。英訳に詰まったとき、参考にしてください。

ダウンロード音声について

・本書の音声はパソコンまたはスマートフォンでのダウンロード利用が可能です（どちらも無料です）

パソコンをご利用の場合

以下のウェブサイトから、音声のデータ（mp3ファイル／zip圧縮済み）をダウンロードしてください。

アルク「ダウンロードセンター」
https://www.alc.co.jp/dl/

※ダウンロードセンターで本書を探す際には、商品コード（7020005）をご利用いただくと便利です。

スマートフォンをご利用の場合

スマホで音声の再生ができるアプリ「語学のオトモALCO」をご利用ください。
アプリ「語学のオトモALCO」のインストール方法は表紙カバー袖でご案内しています。
なお、「ダウンロードセンター」およびアプリ「語学のオトモALCO」のサービス内容は、予告なく変更する場合がございます。あらかじめご了承ください。

Contents

 Part 1 中学レベルの実力で負担なく話すパターン

Part 2 知ってはいるのに口から出てこないパターン

Unit 7　Is it 〜 ?

Unit 8　That's 〜 .

Unit 9　Let me 〜 .

Unit 10　Don't 〜 .

Contents

Unit 14　It's ～ .

Part 3　1日3回以上使う基本動詞を含むパターン

Unit 15　like

Unit 16　think

Contents

Unit 17 want

Unit 18 know

Unit 19 need

Part 4 何でも尋ねることができる疑問詞のパターン

Unit 25 　What 〜？

Unit 26 　Who 〜？, Which 〜？

Unit 27 　Where 〜？, When 〜？

Unit 28　Why 〜?, How 〜?

Unit 29　How + 形容詞／副詞?

Contents

 Part 5 ネイティブが駆使する高難度のパターン

Unit 30　should

Unit 31　have to, had better

Unit 32　have + 過去分詞

Unit 33 sure

Unit 34 ネイティブ愛用の 10 パターン

Review

Part 1

中学レベルの実力で
負担なく話すパターン

Part 1では、英語の基本中の基本であるbe動詞と、
助動詞 can、would を使ったパターンを学びます。
簡単ですが日常の英会話で多用される必須のパターンなので、
自然に使いこなせようになるまで、マスターしましょう。

Unit 1

I'm ~.

中学の英語教科書の最初のページで学ぶI'm。
その後ろに簡単な単語をいくつか続ければ、
「～しに来ました」「ちょうど～するところです」といった、
ネイティブが日常生活で多用する実用的な表現になります。
簡単なようで、とっさには出てこない、I'm ~.のパターンを学びましょう。

001 I'm afraid that ~.
どうやら／残念ながら～です。

002 I'm glad that ~.
～でうれしいです。

003 I'm worried about ~.
～が心配です。

004 I'm here to ~.
～しに来ました。

005 I'm just about to ~.
ちょうど～するところです。

006 I'm now able to ~.
～できるようになりました。

007 I'm in ~.
～ています。

008 I'm in the middle of ~.
～の途中です。

009 I'm on ~.
～中です。

001

I'm afraid that 〜.

どうやら／残念ながら〜です。

自分が望まないことを述べたり、相手の頼みを断ったりする前に使うパターンです。したがって that の後ろには否定的な内容が来ますが、このパターンをあらかじめ使うことで、それを和らげることができます。

Example

- **A** What's the matter?　どうしたの？
- **B** I'm afraid that I forgot my wallet.　どうやら財布を忘れたみたい。
- **A** That's OK! I'll pay the bill.　大丈夫！　ここはわたしが払うわ。
- **B** I'll pay you back tomorrow.　明日、返すね。

1. どうやら遅刻しそうです。
   I'm afraid that we'll be late.

2. 残念ながらあなたは間違っています。
   I'm afraid that you're wrong.

3. どうやらわたしたちは間に合いません。
   I'm afraid that we can't make it.

4. どうやら雪になりそうです。
   I'm afraid that it's going to snow.

5. どうやらこれはうまくいきません。
   I'm afraid that this won't work.

6. どうやら失敗しそうです。
   I'm afraid that I'm going to fail.

7. どうやらわたしの犬が逃げたようです。
   I'm afraid that my dog has run away.

8. どうやら財布を忘れたようです。
   I'm afraid that I forgot my wallet.

9. 残念ながら家賃を払えません。
   I'm afraid that I can't pay my rent.

10. どうやらそのレストランは満席になりそうです。
    I'm afraid that the restaurant will be packed.

＊3. 間に合う　make it　7. 逃げる　run away　10.（人や物で）をいっぱいにする　pack

I'm glad that 〜.

〜でうれしいです。

gladは喜びやうれしさを表す形容詞で、happyやpleasedで言い換えることもできます。gladの前に副詞soやveryを入れると、喜びやうれしさが強調されます。

Example

A My mom was in the hospital last week. 先週、母が入院していたんだ。
B How is she doing? 具合はどう？
A She's much better. She's resting at home. ずっと良くなったよ。家で休んでいる。
B I'm glad that she's OK. 大丈夫でうれしいわ。

＊much better ずっと良い

1. あなたに会えてうれしいです。
   I'm glad that I met you.

2. あなたがいつもわたしのためにここにいてくれて、うれしいです。
   I'm glad that you're always here for me.

3. チケットが手に入ってうれしいです。
   I'm glad that we got tickets.

4. 彼女が大丈夫でうれしいです。
   I'm glad that she's OK.

5. お元気そうでうれしいです。
   I'm glad that you're fine.

6. これがうまくいってうれしいです。
   I'm glad that this worked out.

7. これについて話すことができてうれしいです。
   I'm glad that we talked about this.

8. あなたのお金が見つかってうれしいです。
   I'm glad that you found your money.

9. 明日は仕事が休みなのでうれしいです。
   I'm glad that we're off work tomorrow.

10. 自分のサイズのドレスが見つかってうれしいです。
    I'm glad that I found the dress in my size.

＊6. (仕事などが) うまくいく work out　9. 仕事が休みの off work

003

🎵MP3 003 I'm worried about ～.

～が心配です。

aboutの後には心配の対象や理由が続きます。worriedの前にveryやso、reallyを入れると意味が強調されます。aboutの後に動詞を続ける場合、動名詞にする必要があるので気を付けましょう。

Example

A What are you so nervous about?　何がそんなに心配なの？
B I'm worried about my test.　試験が心配なんだ。
A Can I help you study for it?　その勉強、手伝う？
B That would be great. Thank you!　それは助かる。ありがとう！

＊be nervous about ～　～を心配する

1. あなたが心配です。
   I'm worried about you.

2. 妹が心配です。
   I'm worried about my sister.

3. 遅刻が心配です
   I'm worried about being late.

4. 試験が心配です。
   I'm worried about my test.

5. プロジェクトが心配です。
   I'm worried about the project.

6. 天気が心配です。
   I'm worried about the weather.

7. 請求書の支払いが心配です。
   I'm worried about paying my bills.

8. 人間関係が心配です。
   I'm worried about my relationship.

9. 仕事の一時解雇が心配です。
   I'm worried about layoffs at work.

10. 飛行機に乗るのが心配です。
    I'm worried about making my flight.

＊7. 請求書を支払う　pay one's bill　9. 一時解雇　layoff　10. 飛行機に乗る　make one's flight

004

I'm here to ～.

～しに来ました。

来た理由や目的を述べるときに使うパターンです。ここでは、be here を「来る」という意味で用いています。to の後には動詞を続けます。

Example

A What are you doing here? ここで何してるの？
B I'm here to apologize. 謝りに来ました。
A There's no need to apologize. 謝る必要などないのに。
B I just want to say I'm sorry I hurt you. 傷つけてしまい、申し訳ありませんと言いたいだけなんです。

＊apologize 謝る

1. 勉強しに来ました。
   I'm here to study.

2. あなたと話しに来ました。
   I'm here to talk to you.

3. 報告書を仕上げに来ました。
   I'm here to finish the report.

4. 運動しに来ました。
   I'm here to work out.

5. 謝りに来ました。
   I'm here to apologize.

6. 迎えに来ました。
   I'm here to pick you up.

7. サポートしに来ました。
   I'm here to support you.

8. 荷造りを手伝いに来ました。
   I'm here to help you pack.

9. 持ち物を取りに来ました。
   I'm here to collect my things.

10. 本を取りに来ました。
    I'm here to pick up my books.

＊4. 運動する work out　6. ～を(車で)迎えに行く pick ～ up　8. 荷造りする pack

22

005

I'm just about to 〜.

ちょうど〜するところです。

これからしようとすることについて述べるパターンです。justで「ちょうど」「まさに今」という意味が加わりますが、I'm about to 〜 だけでも意味は伝わります。

Example

A Can I have a snack?　おやつを食べてもいい？
B No. I'm just about to make dinner.　だめ。ちょうど夕食を作るところだから。
A What are we having?　夕食には何を食べるの？
B Spaghetti and meatballs.　スパゲティ・ミートボールよ。

＊have a snack　おやつを食べる、間食をする

1. ちょうど出掛けるところです。
   I'm just about to leave.

2. ちょうど出発するところです。
   I'm just about to get going.

3. ちょうど床に就くところです。
   I'm just about to go to bed.

4. ちょうど夕食を作るころです。
   I'm just about to make dinner.

5. ちょうどショッピングに行くところです。
   I'm just about to go shopping.

6. ちょうど芝を刈るところです。
   I'm just about to mow the lawn.

7. ちょうど彼に電話をかけるところです。
   I'm just about to give him a call.

8. ちょうど飛行機に搭乗するところです。
   I'm just about to board my flight.

9. ちょうど報告書を終えるところです。
   I'm just about to finish the report.

10. ちょうどあなたのメールを確認するところです。
    I'm just about to check out your email.

＊2. 出発する　get going　6. 芝を刈る　mow the lawn　8. 飛行機に搭乗する　board one's flight
　　10. 〜を確認する　check out 〜

I'm now able to ～.

～できるようになりました。

I'm able to ～ で「～できる」という意味ですが、それにnowを加えてI'm now able to ～ とすると、以前はできなかったことが、現在は可能になったという意味になります。

Example

A I had knee surgery a few weeks ago. 数週間前に膝を手術しました。

B Really? How are you feeling? 本当？ 具合はどう？

A I'm now able to walk. 歩けるようになりました。

B It sounds like you're making a quick recovery. 回復が早いみたいね。

* surgery 手術／sound like ～ ～みたいだ／recovery 回復

1. 車を運転できるようになりました。
    I'm now able to drive a car.

2. メールを送れるようになりました。
    I'm now able to send emails.

3. 仕事に応募できるようになりました。
    I'm now able to apply for jobs.

4. 歩けるようになりました。
    I'm now able to walk.

5. インターネットに接続できるようになりました。
    I'm now able to get online.

6. 休みを取れるようになりました。
    I'm now able to take time off.

7. 本を借りられるようになりました。
    I'm now able to check out books.

8. フライトを予約できるようになりました。
    I'm now able to book my flight.

9. 独り暮らしできるようになりました。
    I'm now able to live on my own.

10. 新しいソフトウエアが使えるようになりました。
    I'm now able to use the new software.

* 3. 仕事に応募する apply for a job 5. インターネットに接続する get online 6. 休みを取る take time off
9. 独り暮らしする live on one's own

007

MP3 007　I'm in 〜.
〜ています。

自分が置かれている状況などを伝えるときに使うパターンです。自分の気分がどうなのか、どんな状態なのかを表現する語句をinに続けます。

Example

A How's your new job?　新しい仕事はどう？
B I'm in trouble.　困っています。
A What do you mean?　どういうこと？
B It's very difficult and time-consuming.　とても難しくて、時間がかかるんです。

＊time-consuming　時間のかかる

1. 衝撃を受けています。
   I'm in shock.

2. 急いでいます。
   I'm in a hurry.

3. あなたに恋しています。
   I'm in love with you.

4. ぞっとしています。
   I'm in horror.

5. 困っています。
   I'm in trouble.

6. 苦しんでいます。
   I'm in distress.

7. 板挟みになっています。
   I'm in a dilemma.

8. 良好な体調です。
   I'm in good shape.

9. 助けを必要としています。
   I'm in need of help.

10. 歌いたい気分になっています。
    I'm in the mood for singing.

＊6. 苦しみ　distress　7. 板挟み、ジレンマ　dilemma　8. 良好な体調で　in good shape
　10. 〜したい気分である　in the mood for 〜

I'm in the middle of ～.

～の途中です。

ある状況や行為が続いていることを伝えるパターンです。ofに続く名詞や動名詞で、続いている事柄を表します。多くの場合、それにより手が離せないという断りの返事として使われます。

Example

A Do you want to go shopping with me?　ショッピングに一緒に行かない？
B I'm in the middle of something.　取り込み中なんだけど。
A Maybe later?　じゃあ後で。
B Sure.　いいよ。

＊in the middle of something　取り込み中

1. プロジェクトの途中です。
   I'm in the middle of a project.

2. 宿題の途中です。
   I'm in the middle of my homework.

3. 試合観戦の途中です。
   I'm in the middle of watching the game.

4. 夕食の途中です。
   I'm in the middle of dinner.

5. この本の途中です。
   I'm in the middle of this book.

6. 会議の途中です。
   I'm in the middle of a meeting.

7. 取り込み中です。
   I'm in the middle of something.

8. 運動の途中です。
   I'm in the middle of my workout.

9. 洗車の途中です。
   I'm in the middle of washing my car.

10. 家の掃除の途中です。
    I'm in the middle of cleaning the house.

I'm on ～.

～中です。

onは活動や行為などが進行中であることを表す前置詞で、I'm on ～で自分の現在の状態や行動を表現します。インターネットに接続している状態や、テレビやラジオに出演しているときにも使えます。

Example

A Where are you?　どこにいるの？
B I'm on my way now.　今、移動中。
A You're going to be late.　遅れるよ。
B No, I'm not! Don't worry.　いいえ、遅れない！　心配しないで。

＊on one's way　（目的地への）途中にいる

1. ダイエット中です。
   I'm on a diet.

2. 夜勤中です。
   I'm on night duty.

3. 電話中です。
   I'm on the phone.

4. 仕事中です。
   I'm on the job.

5. 休憩中です。
   I'm on a break.

6. 休暇中です。
   I'm on vacation.

7. テレビに出演中です。
   I'm on television.

8. 勤務中です。
   I'm on duty.

9. 今、移動中です。
   I'm on my way now.

10. 出張中です。
    I'm on a business trip.

＊2. 夜勤　night duty　10. 出張　business trip

Unit 2

I'm/We're -ing 〜.

現在進行形、I'm/We're -ing 〜.は「〜しているところ」という意味ですが、
いくつかの動詞の現在進行形は慣用句的に使われます。
たとえば、I'm trying to 〜.は「〜しようとしています」、
We're looking to 〜.は「〜する予定です」という意味で多用されます。
日常生活でもどのように活用できるか。この Unit で確認しましょう。

010 I'm trying to 〜.
〜しようとしています。

011 I'm calling to 〜.
〜するためお電話いたしました。

012 I'm looking forward to 〜.
〜が楽しみです。

013 I was wondering if 〜.
〜でしょうか。

014 We're looking to 〜.
〜する予定です。

010

(MP3 010) I'm trying to 〜.
〜しようとしています。

I'm trying to 〜.は、何かを実行したり、実現したりしようと努力している様子を表現するパターンです。toの後ろには動詞が来ます。

Example

A Are you going to the baseball game this weekend?　今週末、野球の試合に行く予定？

B I want to go. I'm trying to get tickets.　行きたいね。チケットを手に入れようとしているところだよ。

A I heard it has already sold out.　もう売り切れたと聞いたけど。

B Are you serious?　本当に？

＊serious　本気の、冗談ではない

1. 謝罪しようとしています。
   I'm trying to apologize.

2. 減量しようとしています。
   I'm trying to lose weight.

3. 彼女の家を見つけようとしています。
   I'm trying to find her house.

4. チケットを手に入れようとしています。
   I'm trying to get tickets.

5. 禁煙しようとしています。
   I'm trying to quit smoking.

6. 試験に合格しようとしています。
   I'm trying to pass the exam.

7. 今日これを終わらせようとしています。
   I'm trying to finish this today.

8. 休暇の計画を立てようとしています。
   I'm trying to plan our vacation.

9. 息子に水泳を教えようとしています。
   I'm trying to teach my son to swim.

10. スーザンの宿題を手伝おうとしています。
    I'm trying to help Susan with her homework.

＊2. 減量する　lose weight　5. 禁煙する　quit smoking

I'm calling to ～.
～するためお電話いたしました。

callには「電話する」という意味があり、I'm calling to ～.で、電話をかけた目的や理由を説明するパターンになります。toの後ろには動詞が来ます。

Example

A Who are you calling?　どなたにおかけですか？
B Mike. I'm calling to check on him.　マイクです。彼の様子を確認するためお電話いたしました。
A Why? What's wrong with him?　なぜですか？　彼に何かあったんですか？
B He went home by himself really drunk.　かなり酒に酔って独りで家に帰ったんです。

＊check on ～　～の様子を確認する／drunk　酒に酔った

1. ご協力を求めるためお電話いたしました。
   I'm calling to ask for help.

2. 困っていると知らせるためお電話いたしました。
   I'm calling to tell you I'm upset.

3. あなたのお父さんと話すためお電話いたしました。
   I'm calling to talk to your father.

4. 彼の様子を確認するためお電話いたしました。
   I'm calling to check on him.

5. 母について尋ねるためお電話いたしました。
   I'm calling to ask about Mom.

6. 近況を伺うためお電話いたしました。
   I'm calling to see how you're doing.

7. 報告書について話すためお電話いたしました。
   I'm calling to talk about the report.

8. わたしの本を、まだあなたが持っていないか確認するためお電話いたしました。
   I'm calling to see if you still have my book.

9. 夕食を食べに出掛けたいかお聞きするためお電話いたしました。
   I'm calling to ask if you'd like to go out for dinner.

10. 賃貸用のアパートについて問い合わせるためお電話いたしました。
    I'm calling to inquire about the apartment for rent.

＊2. 困った　upset　10. 賃貸用の　for rent／問い合わせる　inquire

012

I'm looking forward to ～.

～が楽しみです。

未来の出来事や行為を、「首を長くして待っている」ことを伝えるパターンです。toの後には、名詞、または動名詞が来るので気を付けましょう。

Example

A I'm looking forward to the summer.　夏が楽しみ。
B Do you have something fun planned?　何か面白い計画でもあるの？
A We're taking a cruise in June.　6月にクルーズ旅行をするの。
B That sounds amazing!　すごいね！

＊take a cruise　クルーズ旅行をする

1. 給料日が楽しみです。
   I'm looking forward to payday.

2. デートが楽しみです。
   I'm looking forward to our date.

3. お会いするのが楽しみです。
   I'm looking forward to seeing you.

4. 明日が楽しみです。
   I'm looking forward to tomorrow.

5. 夏が楽しみです。
   I'm looking forward to the summer.

6. 卒業が楽しみです。
   I'm looking forward to my graduation.

7. 妹さんにお会いするのが楽しみです。
   I'm looking forward to meeting your sister.

8. インド料理を作るのが楽しみです。
   I'm looking forward to cooking Indian food.

9. サプライズパーティーを開くのが楽しみです。
   I'm looking forward to having a surprise party.

10. 来週ニューヨークを訪れるのが楽しみです。
    I'm looking forward to visiting New York next week.

＊1. 給料日　payday　6. 卒業　graduation　9. サプライズパーティーを開く　have a surprise party

31

(MP3 013) I was wondering if 〜.
〜でしょうか。

このパターンのifは、「〜かどうか」という意味です。Yes／Noで答えられることを丁寧に尋ねる表現で、ifの代わりにwhetherを使ってもOKです。

Example

A Are you busy today? 今日は忙しいですか？

B Yes, a little. はい、少し。

A Well, I was wondering if you have finished the report. それで、報告書の仕上げは済んだでしょうか。

B Oh, no! Not yet. Sorry, I forgot about that. あっ、いけない！　まだです。すみません、忘れていました。

1. スペイン語を話されるでしょうか。
   I was wondering if you speak Spanish.

2. 彼女の具合は良くなったでしょうか。
   I was wondering if she's feeling better.

3. 釣りに行きたい気持ちはあるでしょうか。
   I was wondering if you'd like to go fishing.

4. 彼にはもう電話なさったでしょうか。
   I was wondering if you've called him yet.

5. わたしのアイスクリームを食べたでしょうか。
   I was wondering if you ate my ice cream.

6. 報告書の仕上げは済んだでしょうか。
   I was wondering if you've finished the report.

7. その小説は面白いでしょうか。
   I was wondering if the novel is interesting.

8. そのパーティーに行かれるでしょうか。
   I was wondering if you're going to the party.

9. 翻訳はお得意でしょうか。
   I was wondering if you're good at translating.

10. 自分の寝室の掃除は済んだでしょうか。
    I was wondering if you've cleaned up your bedroom.

＊2. 具合が良くなる　feel better　9. 翻訳する　translate

014

MP3 014 We're looking to ～.
～する予定です。

ある行為を将来行うつもりであることを表現するパターンです。その実行に向け、じっくり計画を練り、慎重に意思決定を行ったというニュアンスがあります。

Example

A How did you afford the boat?　どうやってボートを買うことができたの？
B We took out a loan from the bank.　銀行でローンを組んだんだ。
A How long will it take to pay it back?　それを返すのにどれくらいかかるの？
B We're looking to pay it off in two years.　2年で完済する予定だよ。

＊afford　〜を買う（金銭的）余裕がある／take out a loan　（銀行で）ローンを組む／pay 〜 off　〜を完済する

1. 近いうちに引っ越す予定です。
   We're looking to move soon.

2. 売上を伸ばす予定です。
   We're looking to increase sales.

3. 新車を買う予定です。
   We're looking to buy a new car.

4. 変更を加える予定です。
   We're looking to make a change.

5. 休暇を取る予定です。
   We're looking to take a vacation.

6. 午後2時までにそこに行く予定です。
   We're looking to be there by 2 p.m.

7. 2年でそれを完済する予定です。
   We're looking to pay it off in two years.

8. この春、庭に植物を植える予定です。
   We're looking to plant a garden this spring.

9. 来週、その計画を始める予定です。
   We're looking to start the project next week.

10. この夏、その車庫を改修する予定です。
    We're looking to renovate the garage this summer.

＊2. 売上　sales　8. 庭に植物を植える　plant a garden　10. 〜を改修する　renovate

Unit 3

Are you ～?

Are you a teacher? のように、Are you ～?のパターンは、
相手の職業を尋ねる際などに使われますが、going toを続け、
相手の計画について尋ねるときにも使われます。
また、Are youの後ろにhappyやinterestedのような形容詞を付けて、
相手の感情や好みを尋ねることもできます。
知れば知るほど使い道が多いパターンです。

015

Are you going to ～?
～するのですか?

これから何かするつもりなのか相手の意図を尋ねるパターンで、近い未来を表す表現です。toの次には動詞のほか、行き先などを表す名詞を続けることができます。

Example

A Are you going to be home later?　この後、家にいる?
B I should be. Why?　そうしなきゃ。なぜ?
A I wanted to drop off that jacket I borrowed.　借りたあのジャケットを届けにいこうと思って。
B OK. Come around anytime.　いいよ。都合のいい時に立ち寄って。

＊ drop off ～　（物を）置いていく／come around　立ち寄る

1. 夕食に行くのですか?
   Are you going to dinner?

2. 手伝っていただけるのですか?
   Are you going to help me?

3. 新しいのを買うのですか?
   Are you going to buy a new one?

4. お金を返してもらえるのですか?
   Are you going to pay me back?

5. この後、家にいるのですか?
   Are you going to be home later?

6. ケビンの家に立ち寄るのですか?
   Are you going to drop by Kevin's?

7. わたしのコンピューターを修理してくれるのですか?
   Are you going to fix my computer?

8. 彼に手紙を送るのですか?
   Are you going to send him a letter?

9. 運動を再開するのですか?
   Are you going to start exercising again?

10. 何が間違っているのかを調べるのですか?
    Are you going to find out what's wrong?

＊6.（予告なしに）立ち寄る　drop by　7.～を修理する　fix　10.～を調べる　find out ～

Are you done with ～?

～は終わりましたか？

do の過去分詞 done は、「できた」「完了した」という意味で、用件などが済んだか相手に確認するパターンです。with の後には名詞や名詞句が来ます。

Example

A Are you done with the printer?　プリンターは（使い）終わった？

B Not quite. Do you need it?　まだだけど。必要？

A I have a big printing job that needs to get started.　始めないといけない大量のプリント作業があるの。

B I'll be done in just a few minutes.　あと数分で終わるよ。

＊not quite　完全ではない

1. 論文は終わりましたか？
   Are you done with the paper?

2. 散歩は終わりましたか？
   Are you done with your walk?

3. 今日の仕事は終わりましたか？
   Are you done with work for today?

4. 電話は終わりましたか？
   Are you done with your call?

5. プリンターは（使い）終わりましたか？
   Are you done with the printer?

6. リポートは終わりましたか？
   Are you done with your report?

7. 会議は終わりましたか？
   Are you done with the meeting?

8. 企画立案は終わりましたか？
   Are you done with your planning?

9. 宿題は終わりましたか？
   Are you done with your assignment?

10. リポートのあなたの分は終わりましたか？
    Are you done with your part of the report?

＊9. 宿題　assignment

017

Are you happy with ～?
～に満足していますか?

happyには「幸せな」という意味の他に、「満足な」「納得した」という意味もあり、このパターンではその意味で使われています。人間関係からサービスまで、さまざまなことに使えます。

Example

A　Your apartment is really nice!　あなたのアパート本当にすてきね!
B　Thanks. I'm getting used to it.　ありがとう。慣れてきているところだよ。
A　Are you happy with everything?　全てに満足している?
B　I wish it had bigger closets.　クローゼットがもっと大きかったらいいかな。

＊get used to ～　～に慣れる／closet　クローゼット

1. わたしに満足していますか?
   Are you happy with me?

2. 現在お持ちの車に満足していますか?
   Are you happy with the car you have now?

3. その色に満足していますか?
   Are you happy with the color?

4. その考えに満足していますか?
   Are you happy with the idea?

5. その価格に満足していますか?
   Are you happy with the price?

6. 全てに満足していますか?
   Are you happy with everything?

7. わたしの選択に満足していますか?
   Are you happy with my choice?

8. 自分のスマホに満足していますか?
   Are you happy with your smartphone?

9. 新しい仕事に満足していますか?
   Are you happy with your new job?

10. そのフィット感に満足していますか?
    Are you happy with the way it fits?

Are you ready to/for ～?

MP3 018

～する／の準備はできましたか?

次の行動や、これから起こる出来事に対する準備ができているか尋ねるパターンです。toの次には動詞、forの次には名詞や動名詞が続きます。

A Are you ready to leave? 出発する準備はできた?
B Can we stay for a few more minutes? あと数分いてもいいかしら?
A We've been here for two hours. 僕たちここに2時間もいるよ。
B I'll be ready in just 10 minutes. I promise. 10分以内に準備する。約束するから。

1. 旅行の準備はできましたか?
   Are you ready for your trip?

2. スピーチを行う準備はできましたか?
   Are you ready to give your speech?

3. 水に飛び込む準備はできましたか?
   Are you ready to jump into the water?

4. 出発する準備はできましたか?
   Are you ready to leave?

5. スキーに行く準備はできましたか?
   Are you ready to go skiing?

6. 会議の準備はできましたか?
   Are you ready for the meeting?

7. ジムに行く準備はできましたか?
   Are you ready to go to the gym?

8. 犬に餌をやる準備はできましたか?
   Are you ready to feed your dog?

9. 囲いにペンキを塗る準備はできましたか?
   Are you ready to paint the fence?

10. 誕生日パーティーの準備はできましたか?
    Are you ready for your birthday party?

＊8. ～に餌をやる feed 9. 囲い fence

Are you interested in 〜?
〜に興味がありますか？

相手の好み、関心事や希望などを尋ねる表現です。相手にある事柄を推薦したり提案する場合にも使えます。前置詞inの後には、名詞や動名詞が続きます。

Example

A What are you guys up to tonight?　あなたたち今夜何をするつもり？
B We're going to a play.　芝居を見にいくつもりだけど。
A Sounds like fun!　面白そう！
B Are you interested in coming with us?　僕たちと一緒に行くことに興味がある？

＊up to 〜　〜しようと計画して／play　芝居

1. このドレスに興味がありますか？
   Are you interested in this dress?

2. ゴルフをすることに興味がありますか？
   Are you interested in playing golf?

3. 写真撮影に興味がありますか？
   Are you interested in taking pictures?

4. ペットに興味がありますか？
   Are you interested in pets?

5. 新車の購入に興味がありますか？
   Are you interested in buying a new car?

6. 模型船に興味がありますか？
   Are you interested in model ships?

7. わたしたちと一緒に行くことに興味がありますか？
   Are you interested in coming with us?

8. クラシック音楽に興味がありますか？
   Are you interested in classical music?

9. コイン収集に興味がありますか？
   Are you interested in collecting coins?

10. 外国語に興味がありますか？
    Are you interested in foreign languages?

＊6. 模型船　model ship

020

Are you saying that 〜?
〜と言うのですか？

相手が言った言葉の意味を聞き返して、意図を把握したり意味を正確に確認したりするときに使えます。英語初心者が特に便利に使える表現なので、ぜひ覚えておいてください。

Example

A I got a job offer today!　今日、採用通知をもらったの！
B Are you saying that you're quitting your job?　今の仕事を辞めると言うの？
A Yes. I'm turning in my notice.　ええ。退職届を提出するつもりよ。
B When is your last day?　最終日はいつ？

*quit one's job　仕事を辞める／turn in one's notice　退職届を提出する

1. 彼があなたを殴ったと言うのですか？
   Are you saying that he hit you?

2. これが動かないと言うのですか？
   Are you saying that this isn't working?

3. わたしと一緒に行くと言うのですか？
   Are you saying that you'll come with me?

4. この場所が好きだと言うのですか？
   Are you saying that you like this place?

5. チームの一員になったと言うのですか？
   Are you saying that you made the team?

6. 報告書を仕上げたと言うのですか？
   Are you saying that you finished the report?

7. 今の仕事を辞めると言うのですか？
   Are you saying that you're quitting your job?

8. 彼と別れると言うのですか？
   Are you saying that you're breaking up with him?

9. パーティーにいらっしゃらないと言うのですか？
   Are you saying that you won't come to the party?

10. 他の人たちに会いたいと言うのですか？
    Are you saying that you want to see other people?

＊5. チームの一員になる　make the team　8. 〜と別れる　break up with 〜

Unit 4

Can I/you 〜?

「〜してもいいでしょうか?」と相手に許可を求めたり、
「〜しましょうか?」と提案したりするとき、Can I 〜?のパターンを使います。
逆に、「〜してくれますか?」と依頼するときは、Can you 〜?と尋ねます。
人間関係を円滑にする、Can I/you 〜?のパターンを学びましょう。

Can I have 〜?

〜をいただけますか？

直訳すると「わたしは〜を持てますか？」ですが、裏返して言うと、相手にそれを与えてくれるよう求めています。つまり、この表現は、相手にある行動や提供を求めるときに使う表現なのです。

Example

A Are you crying?　泣いているの？
B Oh, it's not a big problem.　あっ、大した問題じゃないの。
A What's wrong?　何があったの？
B Can I have a few minutes alone?　少しの間、独りにしてくれる？

1. デザートをいただけますか？
   Can I have dessert**?**

2. その鍵をいただけますか？
   Can I have the key**?**

3. 注目していただけますか？
   Can I have your attention**?**

4. 給与を上げていただけますか？
   Can I have a raise**?**

5. もっと時間をいただけますか？
   Can I have more time**?**

6. あなたの古い本をいただけますか？
   Can I have your old books**?**

7. ビールをいただけますか？
   Can I have a beer**?**

8. 今夜、あなたの車を貸していただけますか？
   Can I have your car tonight**?**

9. 塩とコショウをいただけますか？
   Can I have the salt and pepper**?**

10. 少しの間、独りにしていただけますか？
    Can I have a few minutes alone**?**

＊3. 注目する　have one's attention　4. 給与を上げる　have a raise

Can I get you ～?
～をお持ちしましょうか？

I get you ～は、相手に何か「を持ってきてあげる」という意味です。ですので、Can I get you ～?は、相手のために何かを持ってくることを提案するときに使用するパターンになります。

Example

A Can I get you more coffee?　コーヒーをもっとお持ちしましょうか？
B That would be wonderful.　それはありがたいです。
A Do you need any cream or sugar?　クリームかお砂糖はいりますか？
B Just cream, please.　クリームだけください。

1. フォークをお持ちしましょうか？
   Can I get you a fork?

2. かばんをお持ちしましょうか？
   Can I get you your bag?

3. 読み物をお持ちしましょうか？
   Can I get you something to read?

4. タオルをお持ちしましょうか？
   Can I get you a towel?

5. 椅子をお持ちしましょうか？
   Can I get you a chair?

6. 飲み物をお持ちしましょうか？
   Can I get you a drink?

7. コートをお持ちしましょうか？
   Can I get you your coat?

8. コーヒーをもっとお持ちしましょうか？
   Can I get you more coffee?

9. 新聞をお持ちしましょうか？
   Can I get you the newspaper?

10. 書くためのペンをお持ちしましょうか？
    Can I get you a pen to write with?

＊10. ～で書く　write with ～

Can I take 〜?

〜してもいいでしょうか?

許可を求めたり、提案したりするパターンです。飲食店やホテルといった、サービスを提供する場所で多用されます。

Example

A Please listen carefully while I give the instructions.　指示をしている間、注意して聞いてください。

B Can I take notes?　メモしてもよろしいでしょうか?

A That would be a good idea.　それはいい考えですね。

B Let me grab a pen and paper.　ペンと紙を持ってきます。

＊instruction 指示

1. 散歩してもいいでしょうか?
   Can I take a walk?

2. ご伝言を承ってもいいでしょうか?
   Can I take a message?

3. それを1部コピーしてもいいでしょうか?
   Can I take a copy of that?

4. メモしてもいいでしょうか?
   Can I take notes?

5. コートをいただいてもいいでしょうか?
   Can I take your coat?

6. 入浴してもいいでしょうか?
   Can I take a bath?

7. 少し休んでもいいでしょうか?
   Can I take a break?

8. シャワー浴びてもいいでしょうか?
   Can I take a shower?

9. 写真を撮ってもいいでしょうか?
   Can I take a picture?

10. それを少し見てもいいでしょうか?
    Can I take a look at it?

024

MP3 024 Can I ask you to ～?
～していただけますか？

askは、このパターンでは「お願いする」の意味で使われています。「お願いしてもいいですか」と遠回しに尋ねる分、丁寧さのある依頼です。

A Thank you for inviting us to dinner!　夕食にお招きいただきありがとうございます！
B My pleasure.　どういたしまして。
A Can we bring anything?　何かお持ちしましょうか？
B Can I ask you to bring a dessert?　デザートを持ってきていただけますか？

1. たばこをやめていただけますか？
   Can I ask you to stop smoking?

2. この箱を動かしていただけますか？
   Can I ask you to move this box?

3. わたしを訪ねに立ち寄っていただけますか？
   Can I ask you to stop by and visit me?

4. 静かにしていただけますか？
   Can I ask you to keep quiet?

5. 折り返しお電話していただけますか？
   Can I ask you to call me back?

6. 父を見送っていただけますか？
   Can I ask you to see my dad off?

7. 秘密を守っていただけますか？
   Can I ask you to keep my secret?

8. デザートを持ってきていただけますか？
   Can I ask you to bring a dessert?

9. 小包を郵送していただけますか？
   Can I ask you to post my package?

10. もう少し長く滞在していただけますか？
    Can I ask you to stay longer?

＊3. 立ち寄る　stop by　4. 静かにする　keep quiet　6. ～を見送る　see ～ off

MP3 025 Can you bring 〜?
〜を持ってきてくれますか？

bringは「〜を持ってくる」「〜を連れてくる」という意味で、Can you bring 〜?で、何かを持ってくるよう依頼する表現になります。Can you bring me 〜?とbringの後にmeを入れて使うこともできます。

Example

A What should we give Mary for her birthday?　メアリーの誕生日プレゼントに何をあげたらいいかな？

B Flowers. Can you bring some flowers for her?　花でしょ。彼女に花を何本か持ってきてくれる？

A Sure, I can pick up some roses on my way home.　もちろん。家に帰る途中で、バラを何本か買っていけるよ。

B That's great! She loves them.　よかった！　彼女は大好きなのよ。

＊pick up 〜　〜を買う

1. 彼のスーツを持ってきてくれますか？
   Can you bring me his suit?

2. おやつを少し持ってきてくれますか？
   Can you bring some snacks?

3. 会議にコピーを何部か持ってきてくれますか？
   Can you bring a few copies to the meeting?

4. ワインを少し持ってきてくれますか？
   Can you bring some wine?

5. 領収証を持ってきてくれますか？
   Can you bring the receipt?

6. 郵便物を中に持ってきてくれますか？
   Can you bring the mail in?

7. わたしのノートパソコンを持ってきてくれますか？
   Can you bring me my laptop?

8. 彼女のメッセージを伝えてくれますか？
   Can you bring me her message?

9. 何か甘いものを持ってきてくれますか？
   Can you bring something sweet?

10. 彼女に花を何本か持ってきてくれますか？
    Can you bring some flowers for her?

＊5. 領収証　receipt　6. 郵便物　mail　7. ノートパソコン　laptop

026

Can you get me ～?
～を持ってきてもらえますか？

getは非常に多くの意味を持つ動詞ですが、Can you get me ～?のgetは「～を持ってくる」という意味で、bringと同じように使えます。何かを自分に持ってきてもらえるかと相手に頼むパターンです。

Example

A I have a headache. Can you get me some medicine?　頭が痛い。薬を持ってきてもらえる？
B Sure. Do you need anything else?　もちろん。他に必要なものはある？
A Just a glass of water, please.　水を1杯、お願い。
B Coming right up.　今すぐ持っていくね。

＊come right up　今すぐ持っていく

1. ビールを持ってきてもらえますか？
   Can you get me a beer?

2. コートを持ってきてもらえますか？
   Can you get me my coat?

3. 何か他のものを持ってきてもらえますか？
   Can you get me something else?

4. ソフトドリンクを持ってきてもらえますか？
   Can you get me a soft drink?

5. 勘定書を持ってきてもらえますか？
   Can you get me the check?

6. 薬を持ってきてもらえますか？
   Can you get me some medicine?

7. あなたの（書いた）メモを持ってきてもらえますか？
   Can you get me your notes?

8. 水を1杯持ってきてもらえますか？
   Can you get me a glass of water?

9. 何かすてきなものを持ってきてもらえますか？
   Can you get me something cool?

10. バターを塗ったパンを持ってきてもらえますか？
    Can you get me some bread and butter?

＊10. バターを塗ったパン　bread and butter

027

Can you give me ～?
～をもらえますか？

giveは「～をあげる」という意味ですが、Can you give me ～ ?は、「わたしに～をあげられますか？」と尋ねることによって、遠回しに相手に依頼するパターンになります。

Example

A Are you ready to order?　ご注文はお決まりですか？
B Not yet. Can you give me a few minutes?　まだです。数分もらえますか？
A Of course! Let me know when you're ready.　もちろんです！ 決まりましたらお知らせください。
B Thank you, I will.　ありがとう、そうします。

1. 電話をもらえますか？
Can you give me a call?

2. 車に乗せてもらえますか？
Can you give me a ride?

3. アイデアを少しもらえますか？
Can you give me some ideas?

4. キスしてもらえますか？
Can you give me a kiss?

5. 手伝ってもらえますか？
Can you give me a hand?

6. 抱きしめてもらえますか？
Can you give me a hug?

7. 約束してもらえますか？
Can you give me your word?

8. アドバイスしてもらえますか？
Can you give me some advice?

9. 数分もらえますか？
Can you give me a few minutes?

10. 割引してもらえますか？
Can you give me a discount?

＊6. 抱擁 hug　7. 約束する give one's word

028

Can you help me ～?

～するのを手伝ってもらえますか？

助けを頼むときに使うパターンで、問題に直面したときや、お店やホテルの従業員に手助けを求めるときなどに使います。Can you help meの後は動詞の原形が続くので気を付けましょう。

Example

A I have a date with Jeff tomorrow.　明日、ジェフとデートなの。
B Sounds good. What are you going to wear?　いいわね。何を着るつもり？
A I have no idea. Can you help me find an outfit?　全然分からない。服を探すのを手伝ってもらえる？
B Why not? Let's go shopping right away!　もちろんよ。すぐに買い物に行きましょう！

＊outfit　（ひとそろいの）服／right away　すぐに

1. 注文するのを手伝ってもらえますか？
   Can you help me order?

2. コピー機の修理を手伝ってもらえますか？
   Can you help me fix the copier?

3. 市役所まで行くのを手伝って（への道を教えて）もらえますか？
   Can you help me get to City Hall?

4. スキーの習得を手伝ってもらえますか？
   Can you help me learn to ski?

5. 彼女を取り戻せるよう手伝ってもらえますか？
   Can you help me get her back?

6. 席を探すのを手伝ってもらえますか？
   Can you help me find my seat?

7. 部屋の予約を手伝ってもらえますか？
   Can you help me book a room?

8. 服を探すのを手伝ってもらえますか？
   Can you help me find an outfit?

9. この地図の判読を手伝ってもらえますか？
   Can you help me read this map?

10. この金庫を開けるのを手伝ってもらえますか？
    Can you help me open this safe?

＊3. 市役所　city hall　7. 部屋を予約する　book a room　10. 金庫　safe

Part 1　Unit 4　Can I/you ～?

49

Can you tell me ～?
～か教えてもらえますか？

知らない情報の提供を丁寧に依頼するパターンです。Can を Could に替えると、さらに丁寧になります。
このパターンに続く疑問詞節は、間接疑問文の形になるので注意しましょう。

A You don't look so good.　顔色が良くないわね。
B I'm not surprised. I feel awful.　そうだろうね。気分がひどく悪いんだ。
A Oh, my! Can you tell me what's wrong?　あら、まあ！　どうしたのか教えてくれる？
B I think I have the flu.　インフルエンザにかかったと思う。

＊awful　ひどく悪い／flu　インフルエンザ

1. わたしが合格したかどうか教えてもらえますか？
   Can you tell me if I passed**?**

2. 何時か教えてもらえますか？
   Can you tell me what time it is**?**

3. そのレストランへどう行けばいいか教えてもらえますか？
   Can you tell me how to find the restaurant**?**

4. どうしたのか教えてもらえますか？
   Can you tell me what's wrong**?**

5. ブライアンは何が好きか教えてもらえますか？
   Can you tell me what Brian likes**?**

6. 会議が何時なのか教えてもらえますか？
   Can you tell me when the meeting is**?**

7. その映画がいつ始まるか教えてもらえますか？
   Can you tell me when the movie starts**?**

8. わたしのどこがいけないのか教えてもらえますか？
   Can you tell me what is wrong with me**?**

9. 天候がどうなのか教えてもらえますか？
   Can you tell me what the weather is like**?**

10. 食料品店がどこなのか教えてもらえますか？
    Can you tell me where the grocery store is**?**

＊10. 食料品店　grocery store

030

MP3 030 **Can you show me ～?**

～か教えてもらえますか?

前のパターンと同様、相手に教えを請う表現ですが、show (～を見せる) の持つ意味を反映して、実演したり図示したりするなど、視覚的に教えてくれるよう求めています。

Example

A Your report was pretty good.　あなたの報告書、なかなか良かったですよ。
B Only pretty good?　なかなか良かっただけですか?
A Well, yes. You made a few errors.　ええ、そう。いくつか間違いがありました。
B Can you show me the mistakes I made?　わたしのした間違いを教えてもらえますか?

＊error　間違い

1. 彼がどこに住んでいるか教えてもらえますか?
   Can you show me where he lives**?**

2. 髪をどうやって染めるか教えてもらえますか?
   Can you show me how to dye my hair**?**

3. マークの家への道を教えてもらえますか?
   Can you show me the way to Mark's house**?**

4. 何が好きなのか教えてもらえますか?
   Can you show me what you like**?**

5. それをどうやったのか教えてもらえますか?
   Can you show me how you did it**?**

6. そこにどうやって行くのか教えてもらえますか?
   Can you show me how to get there**?**

7. 電話機がどこにあるか教えてもらえますか?
   Can you show me where a phone is**?**

8. それがどこで起こったのか教えてもらえますか?
   Can you show me where it happened**?**

9. わたしのした間違いを教えてもらえますか?
   Can you show me the mistakes I made**?**

10. そのコンピューターをどうやって直したのか教えてもらえますか?
    Can you show me how you fixed the computer**?**

＊2. ～を染める　dye

Can you explain why 〜?
なぜ〜か説明してもらえますか？

自分が理解できない状況や問題などが発生した理由について、相手に説明を求めるパターンです。whyの後は間接疑問文で「主語＋動詞」の順になります。

A Can you explain why you were late?　なぜ遅刻したのか説明してもらえますか？
B My alarm clock didn't go off.　目覚まし時計が鳴らなかったんです。
A This is the third time you've been late this month.　今月、遅刻はこれで3回目ですよ。
B I'm sorry, it won't happen again.　すみません、もうしません。

＊go off　（目覚まし時計などが）鳴る

1. なぜうちの犬の具合が悪いのか説明してもらえますか？
   Can you explain why my dog is sick**?**

2. なぜ失業したのか説明してもらえますか？
   Can you explain why you lost your job**?**

3. なぜ電話をくれなかったのか説明してもらえますか？
   Can you explain why you haven't called me**?**

4. なぜ遅刻したのか説明してもらえますか？
   Can you explain why you were late**?**

5. なぜわたしたちが負け続けるのか説明してもらえますか？
   Can you explain why we keep losing**?**

6. なぜ逮捕されたのか説明してもらえますか？
   Can you explain why you got arrested**?**

7. なぜわたしの電話が壊れているのか説明してもらえますか？
   Can you explain why my phone is broken**?**

8. なぜ報告書が仕上がっていないのか説明してもらえますか？
   Can you explain why your report isn't finished**?**

9. なぜわたしと別れようとするのか説明してもらえますか？
   Can you explain why you're breaking up with me**?**

10. なぜサラにデートを申し込んでいないのか説明してもらえますか？
    Can you explain why you haven't asked Sarah out**?**

＊2. 失業する　lose one's job　6. 逮捕される　get arrested　10. 〜にデートを申し込む　ask 〜 out

Unit 5

I can't ～.

I can't believe ～.を「～を信じることはできません」、
I can't stand ～.を「～を我慢することができません」と
字面通りに解釈していたのでは、話者の真意を完全に理解することはできません。
一番強調したいのは「驚いた」「頭に来た」ということなのです。
これまで、I can't ～.＝「～できない」と機械的に考えがちだったパターンの、
本当の意味について考えましょう。

I can't believe 〜.

〜なんて信じられません。

I can't believe 〜を直訳すると、「わたしは〜を信じられない」ですが、日常会話では、「どうしてそんなことになったのか」、という驚きの方に重点が置かれた表現です。

> **Example**
>
> **A** I can't believe you're getting married.　あなたが結婚するなんて信じられない。
> **B** Only two weeks until the big day.　大事なその日まで、あとたった2週間。
> **A** Are you nervous?　緊張してる？
> **B** No. But I'm quite excited.　いえ。でも、かなり興奮してるわ。

＊big day　（結婚式などの）大事な日

1. 彼が一等賞を取ったなんて信じられません。
   I can't believe he won first prize.

2. このドレスがわたしにぴったりのサイズだなんて信じられません。
   I can't believe this dress fits me.

3. 彼がわたしを覚えていないなんて信じられません。
   I can't believe he can't remember me.

4. それをやり遂げたなんて信じられません。
   I can't believe I made it.

5. 彼が負けたなんて信じられません。
   I can't believe he lost.

6. 彼らがわたしを解雇したなんて信じられません。
   I can't believe they fired me.

7. 宝くじに当たったなんて信じられません。
   I can't believe I won the lottery.

8. 彼らがわたしの車を盗んだなんて信じられません。
   I can't believe they stole my car.

9. あなたがわたしの本をなくしたなんて信じられません。
   I can't believe you lost my book.

10. あなたが結婚するなんて信じられません。
    I can't believe you're getting married.

＊1. 一等賞を取る　win first prize　6. 〜を解雇する　fire　7. 宝くじに当たる　win the lottery

I can't figure out ～.

～のか分かりません。

figure outは「～を理解する、計算する」という意味で、考えた末に理解するというニュアンスがあります。ですので、I can't figure out ～.は、自分の理解の範囲を超えていることを伝えるパターンになります。

Example

A Do you have the report ready?　報告書の準備はできましたか？

B It's finished, but the copies haven't been made.　終わりました。でも、コピーはまだしていません。

A Why not?　なぜですか？

B I can't figure out how to fix the copier.　どうやってそのコピー機を直すのか分からないんです。

＊ copier　コピー機 (= copy machine)

1. なぜ解雇されたのか分かりません。
   I can't figure out why I was let go.

2. 彼がわたしをどう思っているのか分かりません。
   I can't figure out what he thinks of me.

3. どうやってスピーチを始めるのか分かりません。
   I can't figure out how to start the speech.

4. 彼らがどこにいるか分かりません。
   I can't figure out where they are.

5. なぜひじが痛いのか分かりません。
   I can't figure out why my elbow hurts.

6. どうやってそのコピー機を直すのか分かりません。
   I can't figure out how to fix the copier.

7. どうやってその車にガソリンを入れるのか分かりません。
   I can't figure out how to put gas in the car.

8. 彼らがどうしてまだ一緒にいるのか分かりません。
   I can't figure out how they're still together.

9. その問題をどうやって解くのか分かりません。
   I can't figure out how to solve the problem.

10. どうやって新しい電話の電源を入れるのか分かりません。
    I can't figure out how to turn on my new phone.

＊1. ～を解雇する　let ～ go　5. ひじ　elbow　10. ～の電源を入れる　turn on ～

^{MP3}₀₃₄ I can't find 〜.

〜が見つかりません。

探し物が見つからず、困った状況にあることを伝えるパターンです。相手に手助けを求めるニュアンスがあります。

Example

A Did you phone Robert? ロバートに電話した？
B No, I didn't. いや、してないけど。
A Why not? どうして？
B I can't find my cellphone. I've misplaced it. 携帯電話が見つからない。どこかに置き忘れちゃった。

＊misplace 〜を置き忘れる

1. 野球のグラブが見つかりません。
   I can't find my baseball glove.

2. 美術館への道が見つかりません。
   I can't find the way to the gallery.

3. 彼女が見たがっている映画が見つかりません。
   I can't find the movie she wants to watch.

4. ペットの猫が見つかりません。
   I can't find my pet cat.

5. 携帯電話が見つかりません。
   I can't find my cellphone.

6. 靴下の片方が見つかりません。
   I can't find the matching sock.

7. 彼女の電話番号が見つかりません。
   I can't find her phone number.

8. 交通状況についてのニュースが見つかりません。
   I can't find any news about the traffic.

9. チョコチップの袋が見つかりません。
   I can't find the bag of chocolate chips.

10. この冬、旅行すべき人気の場所が見つかりません。
    I can't find a hot place to travel to this winter.

＊6. 靴下の片方 matching sock 8. 交通状況 traffic 10. 人気の場所 hot spot

035 I can't say that 〜.

〜とは言えません。

自分でもよく分からなかったり、諸事情により正確な情報を伝えられなかったりする場合に使うパターンです。状況の変化により、結果が変わる場合などに多用されます。

A Are you coming to the party?　パーティーに来る？
B Absolutely!　もちろん！
A It starts at 5.　5時に始まるよ。
B I can't say that we're going to be on time.　時間通りに行くとは言えないわ。

＊be on time　時間通りに

1. あなたが勝者だとは言えません。
   I can't say that you're the winner.

2. それが再び起こらないとは言えません。
   I can't say that it won't happen again.

3. 彼が無事に帰ってくるとは言えません。
   I can't say that he's going to return safely.

4. 彼女は背が高いとは言えません。
   I can't say that she's tall.

5. ショーンは若いとは言えません。
   I can't say that Sean is young.

6. トムは正直だとは言えません。
   I can't say that Tom is honest.

7. うちのチームは強いとは言えません。
   I can't say that our team is strong.

8. この効果があるとは言えません。
   I can't say that this is going to work.

9. 時間通りに行くとは言えません。
   I can't say that we're going to be on time.

10. この電話がどう動くか知っているとは言えません。
    I can't say that I know how this phone works.

＊1. 勝者　winner　3. 無事に　safely

Part 1　Unit 5　I can't 〜.

I can't stand ～.

～には我慢できません。

このパターンのstandは「～に耐える、～を我慢する」という意味です。I can't stand ～で、自分が耐えられないことや状況を伝えます。

Example

A Is it raining again today? 今日もまた雨が降ってるの？

B Yes. This is the fifth day in a row. ああ。これで5日連続だ。

A I can't stand this rainy weather. こんな雨空には我慢できないわ。

B Well, you'll be happy that it's supposed to be sunny tomorrow. まあ、明日は晴れるそうだから、よかったね。

* in a row 連続で

1. テクノロジーには我慢できません。
   I can't stand technology.

2. 無作法なウエーターには我慢できません。
   I can't stand the rude waiter.

3. この辺の虫には我慢できません。
   I can't stand the bugs around here.

4. この退屈なショーには我慢できません。
   I can't stand this dull show.

5. こんな雨空には我慢できません。
   I can't stand this rainy weather.

6. 報酬が低い今の仕事には我慢できません。
   I can't stand my low-paying job.

7. 彼が反対するのには我慢できません。
   I can't stand that he opposes me.

8. 彼女が姿を見せなかったことには我慢できません。
   I can't stand that she didn't show up.

9. 彼らが脅迫してきたことには我慢できません。
   I can't stand that they threatened me.

10. 妹があまりに多くのお金を使うことには我慢できません。
    I can't stand that my sister spends so much money.

* 2. 無作法な rude　3. 虫 bug　6. 報酬が低い low-paying

037

I can't stop ～.

～せずにはいられません。

自分の意思に逆らう形で、特定の行動や考えが繰り返し起こる場合に使うパターンです。stopの後には動名詞が続きます。相手にCan't you just stop?（もうやめたら？）と言われたとき、それに対する返答としても使えます。

Example

A What's the matter with you?　どうしたの？
B I can't stop sneezing.　くしゃみをせずにはいられないんだ。
A Do you have an allergy?　アレルギーなの？
B Probably. I need to take medicine.　たぶんね。薬を飲まなくちゃ。

＊sneeze　くしゃみをする

1. せきをせずにはいられません。
   I can't stop coughing.

2. 笑わずにはいられません。
   I can't stop laughing.

3. 頭が3つある怪物の夢を見ずにはいられません。
   I can't stop dreaming about a three-headed monster.

4. くしゃみをせずにはいられません。
   I can't stop sneezing.

5. その飲み屋に立ち寄らずにはいられません。
   I can't stop dropping by the bar.

6. オンラインでカードゲームせずにはいられません。
   I can't stop playing cards online.

7. その絵を見ずにはいられません。
   I can't stop looking at the picture.

8. 繰り返しそれを見ずにはいられません。
   I can't stop watching it again and again.

9. 休暇について考えずにはいられません。
   I can't stop thinking about our vacation.

10. 毎週、宝くじを買わずにはいられません。
    I can't stop buying lottery tickets every week.

＊1. せきをする　cough　3. three-headed　頭の3つある　10. 宝くじ　lottery ticket

MP3 038 I can't tell you how 〜.

どれほど〜なのか、言い表すことができません。

このパターンは、言葉にできないほど程度が大きいこと、激しいことを表します。howの後には、言葉では表現できない状態を表す形容詞・副詞が続きます。

Example

A Where have you been in Italy? イタリアではどこに行ったの？
B I've visited Lake Como near the Alps. アルプス山脈の近くのコモ湖に行ったよ。
A How was it? どうだった？
B I can't tell you how beautiful the lake is. その湖がどれほど美しいのか、言い表すことができないよ。

1. どれほどたくさんその中を見たのか、言い表すことができません。
   I can't tell you how many times I've looked in there.

2. どれほど長い距離、今日運転したのか、言い表すことができません。
   I can't tell you how far I drove today.

3. その公園がどれほど好きなのか、言い表すことができません。
   I can't tell you how much I loved the park.

4. どれほど一生懸命運動したのか、言い表すことができません。
   I can't tell you how hard I've worked out.

5. どれほどたくさんビールを飲んだのか、言い表すことができません。
   I can't tell you how many beers I had.

6. 彼女の上司がどれほど愚かなのか、言い表すことができません。
   I can't tell you how stupid her boss was.

7. その湖がどれほど美しいのか、言い表すことができません。
   I can't tell you how beautiful the lake is.

8. わたしにとって、あなたがどれほど大きな意味があるのか、言い表すことができません。
   I can't tell you how much you mean to me.

9. どれだけ早く病院に駆けつけたか、言い表すことができません。
   I can't tell you how fast I ran to the hospital.

10. その質問に答えることがどれほど難しいか、言い表すことができません。
    I can't tell you how difficult it was to answer the question.

＊6. 愚かな stupid

039

I can't understand why ～.

なぜ～なのか、理解できません。

現在、自分が直面する状況が理解不能であることを伝えるパターンです。このパターンを述べることで、納得できるような説明を相手に求めることもできます。

Example

A It takes forever to get to work.　会社まで行くのに時間がかかり過ぎるんだけど。
B I know. It takes me almost one and a half hours.　そうだね。ほぼ1時間半かかる。
A I can't understand why we moved here.　なぜここに引っ越したのか、理解できないわ。
B Because it's cheaper than living in the city.　都心に住むより安上がりだからさ。

＊take forever to ～　～するのに時間がかかり過ぎる

1. 彼がなぜ反対したのか、理解できません。
   I **can't understand why** he said no.

2. なぜまだそれを見ていないのか、理解できません。
   I **can't understand why** you haven't seen it yet.

3. なぜ2人とも試験に落ちたのか、理解できません。
   I **can't understand why** both of them failed the exam.

4. 彼女がなぜそれを延期したのか、理解できません。
   I **can't understand why** she put it off.

5. なぜここに引っ越したのか、理解できません。
   I **can't understand why** we moved here.

6. 彼がなぜ自分の計画を諦めたのか、理解できません。
   I **can't understand why** he gave up his plan.

7. フレッドがなぜしょっちゅう風邪をひくのか、理解できません。
   I **can't understand why** Fred often catches colds.

8. あなたがなぜわたしの電話に出ないのか、理解できません。
   I **can't understand why** you didn't answer my call.

9. なぜ誰もわたしの話を聞かないのか、理解できません。
   I **can't understand why** nobody would listen to me.

10. なぜ毎日残業をしなければならないのか、理解できません。
    I **can't understand why** we should work overtime every day.

＊4. ～を延期する　put ～ off　6. ～を諦める　give up ～　7. 風邪をひく　catch a cold　10. 残業をする　work overtime

Part 1　Unit 5　I can't ～.

040

MP3 040 I can't wait to 〜.

〜が待ち遠しいです。

to の後には動詞が入ります。会いたい人への手紙に I can't wait to see you. と書くように、このパターンで、to に続くことへの期待がどれほど強いか、伝えることができます。

Example

A I can't wait to leave on my trip.　旅行に出掛けるのが待ち遠しい。
B When are you leaving?　いつ出発するの？
A This coming Saturday.　今週の土曜日。
B That's cool. Have a nice time!　いいね。楽しんできてね！

＊ leave on one's trip　旅行に出掛ける

1. 手紙が届くのが待ち遠しいです。
   I can't wait to get the letter.

2. ピクニックに行くのが待ち遠しいです。
   I can't wait to go on a picnic.

3. その番組を見るのが待ち遠しいです。
   I can't wait to see the show.

4. そのロブスターの試食が待ち遠しいです。
   I can't wait to try the lobster.

5. 旅行に出掛けるのが待ち遠しいです。
   I can't wait to leave on my trip.

6. ヨガのレッスンを受けるのが待ち遠しいです。
   I can't wait to take the yoga class.

7. 水族館に行くのが待ち遠しいです。
   I can't wait to visit the aquarium.

8. 飛行機に乗るのが待ち遠しいです。
   I can't wait to get aboard the plane.

9. 新しい職場で仕事を始めるのが待ち遠しいです。
   I can't wait to start at a new workplace.

10. これをパーティーに着ていくのが待ち遠しいです。
    I can't wait to wear this to the party.

＊7. 水族館　aquarium　8. 飛行機に乗る　get aboard a plane　9. 職場　workplace

Unit **6**

Would you like 〜?

「〜はいかがですか?」と相手に何かを丁寧に勧めるパターンのWould you like 〜?は、to不定詞を続けると相手に何かの行為を勧めるパターンになり、疑問詞を前に付けると「いつ/どこで/何を/どのようにしたいですか?」といった意味になります。
さまざまな状況に使える万能パターン、Would you like 〜?を見てみましょう。

041 Would you like 〜?
　　〜はいかがですか?
042 Would you like to 〜?
　　〜しませんか?
043 How would you like 〜?
　　〜はどのようにいたしましょうか?
044 What would you like to 〜?
　　何を〜したいですか?
045 Where would you like to 〜?
　　どこに/で〜したいですか?

Would you like ～?
～はいかがですか？

Wouldを使い丁重ではあるものの、直接
的な提案の表現です。

レストランで注文を取るときなどに多用されるパターンです。

Example

A Would you like some ice cream?　アイスクリームはいかがですか？
B Yes, please. What kind do you have?　はい、お願いします。どんな種類がありますか？
A We have strawberry and vanilla.　ストロベリーかバニラです。
B Hmm ... they both sound nice.　うーん、どちらもよさそうですね。

1. チェスを1戦いかがですか？
   Would you like a game of chess?

2. ブルーベリーはいかがですか？
   Would you like some blueberries?

3. 飲み物はいかがですか？
   Would you like something to drink?

4. ケーキを一切れいかがですか？
   Would you like a slice of cake?

5. アイスクリームはいかがですか？
   Would you like some ice cream?

6. コーンブレッドはいかがですか？
   Would you like some corn bread?

7. レモネードを1杯いかがですか？
   Would you like a glass of lemonade?

8. 今晩、シーフードはいかがですか？
   Would you like some seafood tonight?

9. デザートにアップルパイはいかがですか？
   Would you like some apple pie for dessert?

10. 結婚式の計画の手助けはいかがですか？
    Would you like any help planning the wedding?

＊4. ～を一切れ　a slice of ～

042

(MP3 042) Would you like to ～?

～しませんか?

toに動詞を続け、相手にそれを行う意思があるか尋ねるパターンです。丁重さがあり、サービス業に従事する人たちがよく使う表現でもあります。

Example

A　Would you like to go surfing?　サーフィンに行きませんか?
B　Yes, I would. Have you been before?　ええ。行かれたことあるんですか?
A　Sure. I've been surfing since I was 5.　もちろんです。5歳の時からサーフィンをしています。
B　You must be great!　きっとお上手なんでしょうね!

1. ドライブに行きませんか?
   Would you like to go for a drive**?**

2. 席を替えませんか?
   Would you like to change your seat**?**

3. お子さんと一緒に滞在しませんか?
   Would you like to stay with your kids**?**

4. サーフィンに行きませんか?
   Would you like to go surfing**?**

5. ピクニックランチをしませんか?
   Would you like to have a picnic lunch**?**

6. そのファイルをダウンロードしませんか?
   Would you like to download the file**?**

7. そのテニスクラブに加入しませんか?
   Would you like to join the tennis club**?**

8. 夕日を見ませんか?
   Would you like to watch the sun set**?**

9. 仕事を早退しませんか?
   Would you like to leave work early**?**

10. 街に繰り出しませんか?
    Would you like to go out on the town**?**

＊7. ～に加入する　join　9. 仕事を早退する　leave work early　10. 街に繰り出す　go out on the town

How would you like 〜?

〜はどのようにいたしましょうか?

飲食店で料理をどのように調理するかを尋ねるとき、よく使われるパターンです。そのほか、料金の決済方法、選んだ商品についての具体的な好みを尋ねるときにも使われます。

A How would you like your eggs, sir?　卵の調理はどのようにいたしましょうか、お客様?
B I'd like to have them sunny side up on toast.　片面だけ焼いてトーストにのせてください。
A OK. Anything to drink?　分かりました。お飲み物はいかがですか?
B A glass of warm milk, please.　温かいミルクを1杯お願いします。

＊sunny side up　(卵を)片面だけ焼いた

1. ステーキはどのようにいたしましょうか?
   How would you like your steak?

2. ヘアカットはどのようにいたしましょうか?
   How would you like your hair cut?

3. ポテトの調理はどのようにいたしましょうか?
   How would you like your potatoes cooked?

4. 両替はどのようにいたしましょうか?
   How would you like your bills?

5. 卵の調理はどのようにいたしましょうか?
   How would you like your eggs?

6. コーヒー (に入れるもの) はどのようにいたしましょうか?
   How would you like your coffee?

7. カクテルはどのようにいたしましょうか?
   How would you like your cocktails?

8. タコスのトッピングはどのようにいたしましょうか?
   How would you like your tacos topped?

9. 鶏肉の調理はどのようにいたしましょうか?
   How would you like the chicken cooked?

10. 麺の調理はどのようにいたしましょうか?
    How would you like the noodles cooked?

What would you like to ～?

MP3 044

何を～したいですか？

042のWould you like to ～?（～しませんか？）にWhat（何を）が加わった応用パターンで、客人やクライアントなどに対して、要望を尋ねるときに使います。

Example

A　Winter vacation is just around the corner.　冬休みも間近ね。
B　Right. What would you like to do this time?　そうだね、今回は何をしたい？
A　How about going to Florida?　フロリダに行かない？
B　Oh, that's a good idea.　ああ、それはいいね。

＊ just around the corner　間近

1. 何を飲みたいですか？
   What would you like to drink?

2. お子さんに何を上げたいですか？
   What would you like to give to your baby?

3. 映画館で何を見たいですか？
   What would you like to see at the movie theater?

4. 夕食には何を食べたいですか？
   What would you like to eat for dinner?

5. 今回は何をしたいですか？
   What would you like to do this time?

6. お母さんに何を買ってあげたいですか？
   What would you like to buy for your mom?

7. あなた自身の何を変えたいですか？
   What would you like to change about yourself?

8. 今度の週末、何をしたいですか？
   What would you like to do this weekend?

9. スピーチで聴衆にどんな話をしたいですか？
   What would you like to tell the audience in your speech?

10. 誕生日には何をしたいですか？
    What would you like to do for your birthday?

＊ 9. 聴衆　audience

Where would you like to ～?
どこに／で〜したいですか?

これも、042のWould you like to ～?(〜しませんか?)にWhere(どこに／で)が加わった応用パターンです。相手が行きたいと思っているところや、何かをするために必要な場所などを尋ねます。

Example

A Where would you like to go on vacation?　休暇はどこに行きたい?
B I'd like to go to an island like Hawaii.　ハワイのような島に行きたい。
A Any special reason?　何か特別な理由でも?
B I'd like to walk on the beach enjoying the sea breeze.　海風を楽しみながら浜辺を歩きたいの。

＊sea breeze　海風

1. 外食はどこに行きたいですか?
   Where would you like to go to eat out?

2. クリスマスツリーはどこに置きたいですか?
   Where would you like to put the Christmas tree?

3. 大学卒業後、どこに住みたいですか?
   Where would you like to live after university?

4. どこで会いたいですか?
   Where would you like to meet?

5. どこで散歩したいですか?
   Where would you like to take a walk?

6. 休暇はどこに行きたいですか?
   Where would you like to go on vacation?

7. この絵をどこに掛けたいですか?
   Where would you like to hang this picture?

8. ボーイフレンドとはどこで会いたいですか?
   Where would you like to meet your boyfriend?

9. 御社の商品をどこに陳列したいですか?
   Where would you like to display your products?

10. 退職後はどこで暮らしたいですか?
    Where would you like to live after retirement?

＊1. 外食する　eat out　9. ～を陳列する　display

Part 2

知ってはいるのに
口から出てこないパターン

Part 2では、It's ～.、That's ～.、Don't～.など、簡単な表現でありながら、
いざ話そうとすると口から出てこないパターンを学習します。
基本的な表現ではあるものの、後ろに続く言葉によっては、
とても深みのある表現に変わったりもします。
また、If ～.を使った仮定の表現のパターンも覚えましょう。

Unit 7

Is it 〜?

Is it 〜?を直訳すると、「それは〜ですか?」です。
しかし、「〜してもいいでしょうか?」と言うときも、
「〜というのは本当ですか?」と言うときも、
Is it 〜?のパターンを使います。
学校で習った仮主語のitといった、難しい文法用語は忘れて、
パターンで覚えれば簡単です。

Is it OK if ～?

MP3 046

～してもいいでしょうか?

OKは「構わない」という意味で、if節の内容に相手の許可を求めるパターンです。if節内の動詞の時制は、現在形になります。

Example

A Is it OK if I borrow your pen?　ペン借りてもいいかな?
B No problem. Which one?　いいけど。どれのこと?
A The blue one. I love it.　青いの。それがいいな。
B OK, but I need it back tomorrow.　いいわ、でも明日返してね。

＊borrow　～を借りる

1. 少し休んでもいいでしょうか?
   Is it OK if we take a break**?**

2. Tボーンステーキをもう一つ食べてもいいでしょうか?
   Is it OK if I have another T-bone steak**?**

3. 明日、欠勤してもいいでしょうか?
   Is it OK if I stay away from work tomorrow**?**

4. 後で支払ってもいいでしょうか?
   Is it OK if we pay later**?**

5. 最初に乗ってもいいでしょうか?
   Is it OK if I get on first**?**

6. 相席してもいいでしょうか?
   Is it OK if I share this table**?**

7. 残りは省略してもいいでしょうか?
   Is it OK if we skip the rest**?**

8. あなたの計画を取り消してもいいでしょうか?
   Is it OK if we cancel your plan**?**

9. ペンを借りてもいいでしょうか?
   Is it OK if I borrow your pen**?**

10. 犬を連れて来てもいいでしょうか?
    Is it OK if I bring my dog**?**

＊1. 少し休む　take a break　3. 欠勤する　stay away from work

Is it all right to ～?

～してもいいでしょうか？

OKと同様、all rightも「構わない」という意味で、このパターンも話者が相手に許可を求めるものです。
許可を求める内容はto以下で述べますが、toの後には動詞の原形が来ます。

Example

A Is it all right to miss the potluck party?　ポットラックパーティーに欠席してもいいかな？
B Why can't you make it?　どうして参加できないの？
A I'll be out of town for work.　出張に出るんだ。
B Oh, well, that can't be helped.　ああ、まあ、仕方がないわね。

＊potluck party 「ポットラックパーティー」。各自が食べ物を少しずつ持ち寄り、シェアして楽しむパーティー。／
that can't be helped　仕方がない

1. 後でおごってもらってもいいでしょうか？
   Is it all right to be treated later?

2. ビーチに行ってもいいでしょうか？
   Is it all right to go to the beach?

3. 現金でのお支払いをお願いしてもいいでしょうか？
   Is it all right to ask you to pay in cash?

4. ここで待っていてもいいでしょうか？
   Is it all right to wait here?

5. それを隅に置いてもいいでしょうか？
   Is it all right to put it in the corner?

6. ポットラックパーティーを欠席してもいいでしょうか？
   Is it all right to miss the potluck party?

7. 写真を撮ってもいいでしょうか？
   Is it all right to take a picture?

8. デザートをお出ししてもいいでしょうか？
   Is it all right to serve you a dessert?

9. 今日の授業を早めに終えてもいいでしょうか？
   Is it all right to end our class earlier today?

10. ペペローニを上に載せてもいいでしょうか？
    Is it all right to top it with pepperoni?

＊3. 現金で支払う　pay in cash　10. ペペローニ　pepperoni。香辛料の効いたソーセージ。／～を上に載せる　top with ～

048

(MP3 048) Is it possible to ～?

～することができるでしょうか？

to以下のことが可能か尋ねるフレーズです。文字どおり可能性について質問することもできますし、不可能ではないかという疑念を暗に伝えることもできます。

Example

A I'm afraid we're going to be late.　どうやら遅刻してしまいそう。
B Is it possible to catch the next train?　次の列車に乗ることができるかな？
A Maybe, but we'll have to rush.　たぶん、でも急がなきゃ。
B OK! Let's run.　よし！　走ろう。

＊rush　急ぐ

1. 目標を達成できるでしょうか？
   Is it possible to reach the goal?

2. ウェルダンにすることができるでしょうか？
   Is it possible to get it well-done?

3. 彼女に直接会えるでしょうか？
   Is it possible to meet her in person?

4. それを暗記できるでしょうか？
   Is it possible to learn it by heart?

5. 会議を延期できるでしょうか？
   Is it possible to postpone the meeting?

6. この写真を拡大できるでしょうか？
   Is it possible to enlarge this photo?

7. 次の列車に乗ることができるでしょうか？
   Is it possible to catch the next train?

8. あの遭難者を救助することができるでしょうか？
   Is it possible to rescue that castaway?

9. この荷物を全部ここに保管することができるでしょうか？
   Is it possible to store all this luggage here?

10. 水なしで1カ月間生存することができるでしょうか？
    Is it possible to survive without water for a month?

＊3. 直接 in person　4. ～を暗記する learn ～ by heart　6. ～を拡大する enlarge　8. 遭難者 castaway／～を救助する rescue　9. ～を保管する store

049

Is it true that 〜?
〜というのは本当ですか?

自分がどこかで聞いたり、すでに知っていた情報の真疑を確かめる表現です。真疑を確かめたい情報の具体的な内容はthatの後ろに続けます。

Example

A Is it true that Lisa got into trouble? リサがトラブルを起こしたって本当?
B Yes, it is. ああ。
A What happened to her? 何があったの?
B She was suspended from school for a week. 彼女、1週間の停学になったんだ。

* get into trouble トラブルを起こす／be suspended from school 停学になる

1. 婚約したというのは本当ですか?
   Is it true that you got engaged?

2. メアリーと付き合っているというのは本当ですか?
   Is it true that you're dating Mary?

3. その銀行が赤字だというのは本当ですか?
   Is it true that the bank is in the red?

4. 会社を辞めたというのは本当ですか?
   Is it true that you quit your job?

5. リサがトラブルを起こしたというのは本当ですか?
   Is it true that Lisa got into trouble?

6. 明日、出発するというのは本当ですか?
   Is it true that you leave tomorrow?

7. 化学で落第したというのは本当ですか?
   Is it true that you failed chemistry?

8. 電車が遅れているというのは本当ですか?
   Is it true that the train is delayed?

9. ジェームスが両親に反抗したというのは本当ですか?
   Is it true that James went against his parents?

10. ネイサンが3歳のときにゴルフを始めたというのは本当ですか?
    Is it true that Nathan started playing golf at the age of 3?

* 1. 婚約する get engaged 2. 〜と付き合っている be dating 〜 3. 赤字である be in the red
9. 〜に反抗する go against 〜

Unit 8

That's ～.

あそこにあるものが何なのか説明するときに使うとばかり思っていた
That's ～.のパターン。
しかし、後ろにwhyやbecauseを続けると、
原因や結果を説明するフレーズになります。
とても基礎的なパターンを少し変えるだけで、
こなれた文章を作れるという代表例です。

That's why ～.

だから～なのです。

このパターンは、既に話した内容に対する結論を述べるときに使います。相手の言葉に相づちを打ったり、同意の意思を積極的に表したりするときにも使います。

A I don't think I can repair the broken sink.　わたしには壊れたシンク台を修理できそうにないわ。
B Don't worry. That's why we're here.　心配しないで。だから僕たちがここにいるんだよ。
A What do you mean?　どういうこと？
B We're going to help you out.　僕たちが手伝うってこと。

＊repair　～を修理する

1. だから遅れたのです。
   That's why we're late.

2. だから尋ねたのです。
   That's why I asked you.

3. だからそんなにおいしいのです。
   That's why it tastes so good.

4. だから愛しているのです。
   That's why I love you.

5. だからここにいるのです。
   That's why we're here.

6. だから間に合わないのです。
   That's why we can't make it.

7. だから日光浴が嫌いなのです。
   That's why I hate sunbathing.

8. だからチケットを手に入れることができたのです。
   That's why I was able to get a ticket.

9. だからスミスさんは大金持ちになったのです。
   That's why Mr. Smith became super-rich.

10. だからあなたは友達に人気があるんです。
    That's why you're popular with your friends.

＊7. 日光浴をする　sunbathe　9. 大金持ちの　super-rich

That's because ～.

それは～だからです。

結論を述べるThat's why ～に対し、このパターンは、既に述べた結論について、それに至った原因や理由を説明するものです。

Example

A Keira said she's stopped drinking wine.　キーラはワインを飲むのをやめたって言ってたね。
B That's because she's expecting a baby.　それは彼女が妊娠中だから。
A Are you serious?　本当？
B Yes. She told me that yesterday.　ええ。昨日、話してくれたわ。

＊expect a baby　妊娠している

1. それは地下鉄が遅れていたからです。
   That's because there was a delay on the subway.

2. それは外が大雨だからです。
   That's because it's pouring outside.

3. それはその車が制限速度を超えて走っていたからです。
   That's because the car drove over the speed limit.

4. それは彼が大金を稼いだからです。
   That's because he makes a lot of money.

5. それは彼女が妊娠中だからです。
   That's because she's expecting a baby.

6. それは運転手が不注意だったからです。
   That's because the driver was careless.

7. それは彼らが事故に遭ったからです。
   That's because they had an accident.

8. それは運動が嫌いだからです。
   That's because I don't like working out.

9. それはあまりに何度もデートをキャンセルしたからです。
   That's because you've cancelled so many dates.

10. それは建物が良く設計されていたからです。
    That's because the building was well-designed.

＊2. 大雨が降る　pour　3. 制限速度を超えて　over the speed limit　6. 不注意な　careless
7. 事故に遭う　have an accident　10. 良く設計された　well-designed

MP3 052 That's what 〜.

それがまさに〜です。

既に判明した事実を、改めて述べて強調するパターンです。慣用的に使われる表現が多いので、以下の例文を丸ごと覚えておくといいでしょう。

Example

A What do your friends think of Brad?　君の友達はブラッドのことをどう思っているの？

B They love him. Because he's so cute and kind.　みんな彼が好きよ。とてもキュートで親切だから。

A Oh, do they? I didn't know that.　ああ、そうなの？　それは知らなかった。

B That's what they say.　それがまさに彼らの言っていることよ。

1. それがまさに望むものです。
   That's what I want.

2. それがまさに昨日、あなたが言ったことです。
   That's what you said yesterday.

3. それがまさに昨晩、失くしたものです。
   That's what we lost last night.

4. それがまさに彼らの言っていることです。
   That's what they say.

5. それがまさにおばの一番好きなものです。
   That's what my aunt likes most.

6. それがまさにその映画のテーマです。
   That's what the movie was about.

7. それがまさに彼女が買ってくれとお願いされていたものです。
   That's what she was asked to buy.

8. それがまさに妹さんの探していたものです。
   That's what your sister searched for.

9. それがまさに上司の注文したかったものです。
   That's what the boss wanted to order.

10. それがまさに多くの米国人が共通して持っているものです。
    That's what lots of Americans have in common.

＊8. 〜を探す　search for 〜　10. 共通して持っている　have in common

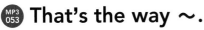

That's the way ～.

そんなふうに～するのです。

That's the way. は、「そのやり方でよい」という意味ですが、後ろに節が続くこのパターンでは、「それが～する方法です」という意味で、「そんなふうに～するのです」と説明するのに使います。

Example

A You seem to drink a lot of water.　水をたくさん飲むみたいだけど。
B Right. That's the way I lose weight.　そう。そんなふうにわたしは減量するのよ。
A From only drinking water?　水を飲むことだけで？
B No. I also quit drinking soda.　いいえ。炭酸飲料を飲むのもやめたわ。

1. そんなふうに競争相手に勝つのです。
   That's the way we beat our rivals.

2. そんなふうに彼女はそりの乗り方を習ったのです。
   That's the way she learned how to sled.

3. そんなふうにトムソン氏は成功したのです。
   That's the way Mr. Thomson has succeeded.

4. そんなふうにそれを修理するのです。
   That's the way we fix it.

5. そんなふうにわたしは通勤しているのです。
   That's the way I commute.

6. そんなふうに昔のインド人は暮らしていたのです。
   That's the way the Indians used to live.

7. そんなふうにわたしは減量するのです。
   That's the way I lose weight.

8. そんなふうにその市長は大人気になったのです。
   That's the way the mayor became so popular.

9. そんなふうに地球は太陽の周囲を回っているのです。
   That's the way the Earth moves around the sun.

10. そんなふうに母は皿洗いをとても早く終えるのです。
    That's the way my mom finishes washing the dishes so fast.

＊1. 競争相手　rival／～に勝つ　beat　2. そりに乗る　sled　5. 通勤する　commute　8. 市長　mayor

That's no way to 〜.
そんなふうに〜してはいけません。

相手のやり方や行動が間違っていると指摘したり、たしなめたりするときに使えるパターンです。相手に何か教えている途中で、フィードバックを行うときにも役立ちます。

Example

A Don't tap your fingers. It's annoying.　指でたたかないで。イライラする。
B That's no way to talk to a friend.　そんなふうに友達に向かって話すもんじゃないよ。
A I'm trying to concentrate.　集中しようとしているんだけど。
B Sorry.　ごめんなさい。

＊イライラさせる　annoying

1. そんなふうに別れを告げてはいけません。
That's no way to say goodbye.

2. そんなふうに犬に餌をあげてはいけません。
That's no way to feed the dogs.

3. そんなふうに初対面の人と会話を始めてはいけません。
That's no way to start a conversation with a stranger.

4. そんなふうに人を扱ってはいけません。
That's no way to treat people.

5. そんなふうに1日をスタートさせてはいけません。
That's no way to start a day.

6. そんなふうに友達を作ってはいけません。
That's no way to make friends.

7. そんなふうに車線を変更してはいけません。
That's no way to change lanes.

8. そんなふうに友達に向かって話してはいけません。
That's no way to talk to a friend.

9. そんなふうに動物を扱ってはいけません。
That's no way to treat an animal.

10. そんなふうに子どもたちの面倒を見てはいけません。
That's no way to take care of kids.

＊3. 初対面の人　stranger／会話を始める　start a conversation　7. 車線を変更する　change lanes
10. 〜の面倒を見る　take care of 〜

Unit 9

Let me ～.

letは「～させる」という意味の使役動詞、
つまり他人に何かをさせる動詞です。
Let me ～.は「（わたしに）～させてください」という意味で、
命令文より間接的に相手に依頼する表現です。
簡単な例を挙げると、Let me know ～.のパターンは
「（わたしが）～を分かるようにしてください」というニュアンスになります。
Let me ～.を使ったパターンでそのニュアンスを学びましょう。

MP3 055 Just let me ～.

ちょっと～させて／してください。

Let me ～. は「（わたしに）～させてください」という意味の命令文ですが、それにjustを付けることで、ソフトな形の依頼になります。日本語でも「ちょっと」を付けると柔らかな語調になるのと同じです。

Example

A Are you ready to watch the movie?　映画を見る準備はできた？

B Not yet. Just let me check on the baby first.　まだよ。まず子どもの様子をちょっと確認させて。

A She's sleeping, isn't she?　寝ているんじゃない？

B I think she still is. But I want to double-check on her.　まだそうだと思うけど。でも、もう一度確認したいの。

＊double-check on ～　～をもう一度確認する

1. 後でちょっと知らせてください。
   Just let me know later.

2. わたしなりの方法で、ちょっとやらせてください。
   Just let me do it my own way.

3. 何が起きているのかちょっと確認させてください。
   Just let me check out what's going on.

4. ここでちょっと独りにさせてください。
   Just let me stay here alone.

5. 彼が何と言っているか、ちょっと知らせてください。
   Just let me know what he says.

6. もう2時間、ちょっと寝かせてください。
   Just let me sleep two hours more.

7. まず子どもの様子をちょっと確認させてください。
   Just let me check on the baby first.

8. 頑張るようわたしに彼をちょっと説得させてください。
   Just let me persuade him to go for it.

9. まずわたしにちょっと発表させてください。
   Just let me make my presentation first.

10. これから何をするのかちょっと知らせてください。
    Just let me know what we're going to do.

＊2. ～なりの方法で　one's own way　7. ～の様子を確認する　check on ～　8. 頑張る　go for it
　9. 発表する　make one's presentation

Let me check 〜.

〜を確認させてください。

文字通りの意味では、「〜を確認させてください」と相手に許可を求めた形になっていますが、「〜を確認してみます」のように、自分のこれからの行動を述べるニュアンスが強いパターンです。

Example

A We're going to the beach. わたしたちビーチに行くのよ。

B How exciting! Let me check today's weather. 楽しそうだね！ 今日の天気を確認させて。

A You don't have to. I heard it was supposed to be sunny. その必要はないわ。いい天気だって聞いたわ。

B That'll be perfect! 完璧だね！

1. スケジュールを確認させてください。
   Let me check my schedule.

2. どんな味か確認させてください。
   Let me check what it tastes like.

3. わたしのメールへの彼の返事を確認させてください。
   Let me check his reply to my email.

4. 配線を確認させてください。
   Let me check the wiring.

5. 領収証を確認させてください。
   Let me check my receipt.

6. わたしのメールの受信トレイを確認させてください。
   Let me check my email inbox.

7. 今日の天気を確認させてください。
   Let me check today's weather.

8. 予約名簿を確認させてください
   Let me check our booking list.

9. 夫に確認させてください。
   Let me check with my husband.

10. それを直す方法があるかネットで確認させてください。
    Let me check online if there's any way to fix that.

＊4. 配線 wiring 6. 受信トレイ inbox

Part 2 Unit 9 Let me 〜.

Let me know ～.

～を教えてください。

Tell me ～.（～を教えて）と同様、相手に情報の提供を求めるパターンですが、こちらの方がより丁寧なニュアンスです。

Example

A What are you doing this weekend?　今週末は何をする？
B I'm moving into my new apartment.　新しいアパートに引っ越すの。
A Really? Let me know if you need any help.　本当？　手伝いが必要なら教えて。
B I do! Can you come over on Saturday?　必要！　土曜日、来られる？

* move into ～　～に引っ越す

1. 問題ないか教えてください。
   Let me know if you're OK.

2. そこにいつ着くのか教えてください。
   Let me know when you get there.

3. 何時に出発したいか教えてください。
   Let me know what time you want to leave.

4. 彼女が家にいるか教えてください。
   Let me know if she's at home.

5. わたしたちと合流できるか教えてください。
   Let me know if you can join us.

6. 手伝いが必要なら教えてください。
   Let me know if you need any help.

7. そのガウンがわたしに似合うか教えてください。
   Let me know if the gown suits me.

8. 一緒に行きたいか教えてください。
   Let me know if you want to go together.

9. そこへ行く一番良い方法を教えてください。
   Let me know the best way to get there.

10. ピクニックに何を持ってくるつもりか教えてください。
    Let me know what you're going to bring to the picnic.

Let me see if ～.
～か確認させてください。

あることが正しいか、可能なのかを確かめたいときに使います。このパターンのifは「～かどうか」という意味で、whetherとも入れ替えられます。

Example

A Shall we grab a drink after work?　仕事の後、一杯どう？

B Sorry, I can't. I have a late meeting.　悪いけど、無理。遅くに会議があるの。

A I thought it was switched to next Monday.　それは来週の月曜日に変更になったと思うけど。

B Oh, really? Let me see if you're right.　あら、本当？　あなたが正しいか確認させて。

＊switch to ～　～に変更する

---

1. それが修理できるか確認させてください。
   Let me see if I can fix it.

2. それが利用できるか確認させてください。
   Let me see if it's available.

3. 大宴会場が客でいっぱいか確認させてください。
   Let me see if the ballroom is packed with guests.

4. あなたが正しいか確認させてください。
   Let me see if you're right.

5. わたしに買えそうか確認させてください。
   Let me see if I can afford it.

6. 日程を変更できるか確認させてください。
   Let me see if I can reschedule.

7. その乗務員と連絡できるか確認させてください。
   Let me see if I can reach the crew member.

8. ベビーシッターを見つけられるか確認させてください。
   Let me see if I can get a babysitter.

9. じゃがいもが煮えたか確認させてください。
   Let me see if the potatoes are boiled.

10. その遅延についての報道があるか確認させてください。
    Let me see if there's a news report about the delays.

＊2. 利用できる　available　3. 大宴会場　ballroom／～でいっぱいである　be packed with ～
　6. 日程を変更する　reschedule　10. 報道　news report

Let me tell you about 〜.

〜について話をさせてください。

ある出来事や状況などについて、話したいという意思を伝えるパターンです。本格的に何かを説明したりする前の、話を切り出すための表現です。

MP3
059

Example

A Let me tell you about my date.　わたしのデートについて話をさせて。
B OK. How did it go?　ええ。どうだった？
A It was amazing!　素晴らしかったわ！
B So when are you seeing him again?　それで、彼にはいつまた会うの？

1. わたしの犬について話をさせてください。
   Let me tell you about my dog.

2. わたしの考えていることについて話をさせてください。
   Let me tell you about what I have in mind.

3. 米国の歴史について話をさせてください。
   Let me tell you about the history of the U.S.A.

4. わたしの1日について話をさせてください。
   Let me tell you about my day.

5. わたしのデートについて話をさせてください。
   Let me tell you about my date.

6. わたしの先祖について話をさせてください。
   Let me tell you about my ancestors.

7. うちの新しいマネジャーについて話をさせてください。
   Let me tell you about our new manager.

8. わが社の新しいハイブリッドカーについて話をさせてください。
   Let me tell you about our new hybrid car.

9. このロボットのいくつかの特徴について話をさせてください。
   Let me tell you about some characteristics of this robot.

10. 未来的なハイテク都市の構想について話をさせてください。
    Let me tell you about my vision for a futuristic high-tech city.

＊2. 考えている　have in mind　6. 先祖　ancestor　9. 特徴　characteristic　10. 未来的な　futuristic／構想　vision

I'll let you know ～.

～知らせ／教えます。

相手が求めている情報を提供する意思があることを伝えるパターンです。これにより相手は安心するでしょう。

Example

A What are you preparing for breakfast?　朝ごはんに何を準備しているの？
B Bacon and eggs.　ベーコンとエッグよ。
A Wonderful! It smells amazing.　すごいね！　いい匂い。
B Thanks. I'll let you know when it's ready.　ありがとう。準備ができたら知らせるわ。

1. すぐに知らせます。
   I'll let you know in a few minutes.

2. 彼女が何時に到着するか知らせます。
   I'll let you know what time she arrives.

3. 彼女が守ってきた秘密を教えます。
   I'll let you know the secret she has been keeping.

4. わたしの友達が誰か教えます。
   I'll let you know who my friends are.

5. その話がどのように終わったのか教えます。
   I'll let you know how the story ended.

6. 彼のことを彼らがどう思っているのか教えます。
   I'll let you know what they think of him.

7. 準備ができたら知らせます。
   I'll let you know when it's ready.

8. 彼女の結婚式に誰が出席するか知らせます。
   I'll let you know who will attend her wedding.

9. 今日、会社で何が起きたか教えます。
   I'll let you know what happened at the office today.

10. 腕相撲大会で誰が勝ったか教えます。
    I'll let you know who won the arm wrestling contest.

＊1. すぐに　in a few minutes　10. 腕相撲　arm wrestling

Unit 10

Don't ～.

Don't ～.（～するな）という一般的なものばかりでなく、
Don't forget to ～.のように、形式的には禁止の形を取りつつ、
何かの行為をするよう相手に強く依頼するパターンなど、
Don't ～.は、バラエティー豊かです。
このUnitでは、NeverやLet's notで始まるものも加え学びます。

_{MP3}₀₆₁ Don't be so ～.

そんなに～ないで。

行動や感情などが度を越してしまった相手を、落ち着かせるためのパターンです。soの後には、度を越した状態を表現する形容詞を入れます。

Example

A Don't be so upset about this.　このことでそんなに怒らないで。
B But I told you not to leave the gate open.　でも、門を開けっぱなしにしないでって言ったでしょ。
A I'm sure the dog will come back soon.　犬はきっとすぐ戻ってくるよ。
B I hope so.　そう願うわ。

1. そんなに傲慢にならないで。
   Don't be so arrogant.

2. それに挑戦するのをそんなに怖がらないで。
   Don't be so afraid to try it.

3. 判断をそんなに早まらないで。
   Don't be so quick to judge.

4. そんなに冷酷にならないで。
   Don't be so cruel.

5. このことでそんなに怒らないで。
   Don't be so upset about this.

6. そんなに近寄りがたくならないで。
   Don't be so hard to approach.

7. その問題でそんなに頑固にならないで。
   Don't be so stubborn on the issue.

8. コンテストについてそんなに心配しないで。
   Don't be so worried about the contest.

9. いつもそんなに上の空になってないで。
   Don't be so absent-minded all the time.

10. 試験についてそんなに心配しないで。
    Don't be so nervous about your exam.

＊1. 傲慢な　arrogant　6. 近寄りがたい　hard to approach　7. 頑固な　stubborn　9. 上の空の　absent-minded

Don't be afraid to 〜.

怖がらず〜して。

このパターンのafraidは、良くないことが起きるのを心配したり、恥をかくのではないかなどと不安に思ったりすることを意味します。そうした相手の不安を取り除いて勇気づける表現です。

Example

A Are you OK? You look concerned. 大丈夫？　心配そうな様子だけど。

B I'm having trouble understanding this software. このソフトウエアが良く分からないだけど。

A Don't be afraid to ask questions. 怖がらず質問して。

B Well, for a start, how do I open it? それじゃ、まず初めに、どうやって開いたらいいの？

1. 怖がらずわたしに話して。
   Don't be afraid to talk to me.

2. 怖がらず新しい食べ物を食べて。
   Don't be afraid to try new foods.

3. 怖がらず自分の人生を突き進んで。
   Don't be afraid to move on in your life.

4. 怖がらず留学して。
   Don't be afraid to study abroad.

5. 怖がらず質問して。
   Don't be afraid to ask questions.

6. 怖がらず英語で話して。
   Don't be afraid to speak in English.

7. 怖がらず悪に立ち向かって。
   Don't be afraid to stand against evil.

8. 怖がらず新しいプロジェクトを立ち上げて。
   Don't be afraid to start new projects.

9. 怖がらず自分の意見を述べて。
   Don't be afraid to voice your opinion.

10. 怖がらず助けを求めて。
    Don't be afraid to ask for help.

＊7. 〜に立ち向かう stand against 〜 9. 〜の意見を述べる voice one's opinion

063

Don't forget to ～.

忘れず～して。

仕事、家事、買い物などで、すべきことを相手に念押しするパターンです。to以下の動詞で、し忘れては
いけない行動を伝えます。

Example

A When are you returning home?　いつ家に帰るの？
B Next Wednesday.　来週の水曜日。
A Don't forget to give my regards to your dad.　わたしからお父さんによろしくと忘れず伝
えて。
B OK, I won't forget.　分かった、忘れないよ。

＊give one's regard to …　～から…によろしくと伝える

1. 忘れずドアに鍵を掛けて。
   Don't forget to lock the door.

2. 忘れず手紙を投函して。
   Don't forget to mail the letter.

3. 来る途中、忘れずうちに寄って。
   Don't forget to stop by my place on your way.

4. 忘れずごみを出して。
   Don't forget to take out the trash.

5. 忘れずいくらかお金を置いていって。
   Don't forget to leave me some money.

6. わたしのノートパソコンを忘れず持ってきて。
   Don't forget to bring my laptop with you.

7. 忘れず犬を入浴させて。
   Don't forget to bathe your dog.

8. 明日までに報告書を忘れず提出して。
   Don't forget to hand in your report by tomorrow.

9. わたしからお父さんによろしくと忘れず伝えて。
   Don't forget to give my regards to your dad.

10. 忘れず歯を磨いて。
    Don't forget to brush your teeth.

＊3. 来る途中　on one's way／～に寄る　stop by ~　4. ごみを出す　take out the trash　7. ～を入浴させる　bathe
8. ～を提出する　hand in ~

Don't tell me ～.
MP3 064

まさか～ではないですよね。

直訳すると「わたしに～だと言うな」ですが、信じられない状況に対する驚きを表したり、望ましくない出来事を否定したいときなどに使うパターンです。

Example

A Did you happen to hear the rumor?　ひょっとして、噂を聞いた？

B About what? Tell me.　何についての？　教えて。

A They say one-third of our department will be let go.　うちの部署の三分の一が解雇されるんだって。

B Don't tell me I'm going to lose my job.　まさか僕が失業するわけじゃないよね。

1. まさかそれが直し方ではないですよね。
Don't tell me that's how to repair it.

2. まさかわたしが何か間違いをしているわけではないですよね。
Don't tell me I'm doing something wrong.

3. まさか本を買うお金がさらに必要なのではないですよね。
Don't tell me you need more money for books.

4. まさかただの冗談ではないですよね。
Don't tell me it's just a joke.

5. まさかファイルを保存しなかったわけではないですよね。
Don't tell me you didn't save the file.

6. まさかわたしが失業するわけではないですよね。
Don't tell me I'm going to lose my job.

7. まさかわたしの計画を却下するわけではないですよね。
Don't tell me you'll turn down my plan.

8. まさかまだそれを理解してないわけではないですよね。
Don't tell me you don't understand it yet.

9. まさかそれをキャンセルしたわけではないですよね。
Don't tell me you've canceled it.

10. まさかうちの娘がキャンプでけがしたのではないですよね。
Don't tell me my daughter got hurt at the camp.

＊1. ～を直す　repair　4. 冗談　joke　7. ～を却下する　turn down ～　10. けがする　get hurt

Don't even think about ～.

～だなんて思わ／考えないで。

かたくなな拒絶の意思を表したりしないよう、相手に強く警告する状況などで使うパターンです。率直に言うのなら、「余計なことは考えるな」です。

Example

A You're still going to the reception on Saturday, aren't you?　それでも、土曜日の歓迎会には参加するんでしょ？

B I don't know, maybe not.　分からない、行かないかも。

A Don't even think about changing your mind.　考えを変えようだなんて思わないで。

B I'll go if I can.　行けるなら行くよ。

＊ reception　歓迎会

1. 出て行こうだなんて思わないで。
   Don't even think about leaving.

2. あれを家に持ってくるだなんて考えないで。
   Don't even think about taking that home.

3. 彼に払わせようだなんて考えないで。
   Don't even think about having him pay for us.

4. 彼らに勝とうだなんて思わないで。
   Don't even think about beating them.

5. このデザインを変えようだなんて考えないで。
   Don't even think about altering this design.

6. 銀行ローンを組もうだなんて考えないで。
   Don't even think about getting a bank loan.

7. 考えを変えようだなんて思わないで。
   Don't even think about changing your mind.

8. あのドーナツを食べようだなんて考えないで。
   Don't even think about eating that doughnut.

9. 今年、給料が上がるだなんて考えないで。
   Don't even think about getting a raise this year.

10. その会議の日程を変更しようだなんて考えないで。
    Don't even think about rescheduling the meeting.

＊4. ～に勝つ　beat　5. ～を変える　alter　6. 銀行ローンを組む　get a bank loan　9. 給料が上がる　get a raise

Never again will I ～.

MP3 066

もう二度と～しません。

I will never again ～を倒置で強調し、自分の誤った行為や選択を、今後、繰り返さないという話者の強い意志を表すパターンです。簡単にNever again!とも言います。

Example

A That dinner made me sick last night.　あの夕食のせいで昨晩、具合が悪くなった。

B It was awful, wasn't it?　ひどかったわよね。

A Terrible. Never again will I visit that restaurant.　ひどかった。もう二度とあのレストランには行かないよ。

B I won't, either.　わたしも行かない。

1. もう二度とギャンブルはしません。
   Never again will I gamble.

2. もう二度と飲み過ぎません。
   Never again will I overdrink.

3. もう二度とあなたを疑いません。
   Never again will I doubt you.

4. もう二度とあなたに迷惑をかけません。
   Never again will I bother you.

5. もう二度とあなたに助けを求めません。
   Never again will I ask you for help.

6. もう二度と宝くじを買いません。
   Never again will I buy lottery tickets.

7. もう二度とあのレストランには行きません。
   Never again will I visit that restaurant.

8. もう二度とそんな運転はしません。
   Never again will I drive that way.

9. もう二度とあなたの能力を疑いません。
   Never again will I question your ability.

10. もう二度と子どもを独りきりにしません。
    Never again will I leave my child alone.

＊2. 飲み過ぎる　overdrink　4. ～に迷惑をかける　bother　5. ～に助けを求める　ask ～ for help
　6. 宝くじ　lottery ticket　9. ～を疑う　question

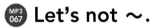

Let's not ～.

～しないでおこう／するのはやめよう。

Let's ～.は、一緒に行動することを提案するパターンですが、否定形のLet's not ～.は、行動を見合わせることを提案します。状況によっては、非常に強い拒否の意思表示にもなります。

Example

A I can't believe how they acted.　彼らがそんなふうに振る舞ったなんて信じられない。
B Neither can I. They obviously didn't want to be here.　僕もだよ。どうやら彼らはここにいたくなかったようだね。
A Let's not invite them again.　今後は彼らを招待しないでおきましょう。
B Good idea. It'll be more fun without them.　そうだね。彼らがいない方が楽しくいられるよ。

1. 家を改築しないでおこう。
   Let's not remodel our house.

2. 今月は集まらないでおこう。
   Let's not get together this month.

3. バルコニーの明かりをつけないでおこう。
   Let's not turn the balcony light on.

4. 夜遅く食べるのはやめよう。
   Let's not eat late at night.

5. 今後は彼らを招待しないでおこう。
   Let's not invite them again.

6. 急いで結論は出さないでおこう。
   Let's not rush to conclusions.

7. 就職を諦めるなんてことはしないでおこう。
   Let's not give up getting a job.

8. わが社の技術を公開しないでおこう。
   Let's not disclose our technology.

9. 何もせずに時間を費やすのはやめよう。
   Let's not spend time doing nothing.

10. 誰にも言わないでおこう。
    Let's not tell anyone.

＊1. ～を改築する　remodel　2. 集まる　get together　6. 急いで結論を出す　rush to a conclusion
　8. ～を公開する　disclose

Unit 11

I'm sorry ～.

I'm sorry. =「ごめんなさい」と思っている人も多いのではないでしょうか。
しかし、I'm sorry ～.のパターンはそれに加えて、
「～で残念です」「～でお気の毒です」など、
幅広い状況で自分の気持ちを表現するのです。
どれほど多様な状況で使えるか、このUnitで確認しましょう。

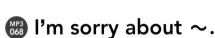

I'm sorry about 〜.

〜申し訳ありません／ごめんなさい。

自分の手違いや誤った行動などについて、相手に謝罪するときに使うパターンです。aboutの後ろに謝罪の内容が入ります。

Example

A I'm sorry about the noise last night.　昨夜の騒音、申し訳ありません。
B The music was much too loud.　音楽、うるさ過ぎよ。
A It won't happen again.　二度とこんなことは起こしません。
B Good. Because I'm sure I won't put up with it again.　結構。わたしもこれ以降は我慢しませんよ。

＊put up with 〜　〜を我慢する

1. 割った窓、申し訳ありません。
   I'm sorry about the broken window.

2. 振るわない試験結果、申し訳ありません。
   I'm sorry about my poor test results.

3. 旅行にあなたを入れなくて、ごめんなさい。
   I'm sorry about not including you on the trip.

4. コップを落として、ごめんなさい。
   I'm sorry about dropping the cup.

5. わたしのした全てのこと、申し訳ありません。
   I'm sorry about everything I did.

6. 計画の変更、申し訳ありません。
   I'm sorry about the change in plans.

7. 昨夜の騒音、申し訳ありません。
   I'm sorry about the noise last night.

8. そのようになってしまい、申し訳ありません。
   I'm sorry about how things turned out.

9. 誤った助言をしてしまい、申し訳ありません。
   I'm sorry about giving you bad advice.

10. わたしが起こした損害、申し訳ありません。
    I'm sorry about the losses that I caused.

＊3. 〜を入れる　include　10. 損害　loss

I'm sorry to ～.
～して／することになり申し訳ありません。

自分の行動を謝罪するときに使うパターンです。toの後には動詞を続け、謝罪する内容を伝えます。これ
からすることがあまり良くないことだ、という前置きとしても使います。

Example

A　I'm sorry to have to give you some bad news.　悪い知らせを伝えなければならず申し訳
ありません。

B　What is it?　何が？

A　The party is postponed until next Saturday.　パーティーが来週の土曜日に延期されました。

B　I see. I'll let everyone know.　分かった。みんなに知らせるよ。

＊ postpone　～を延期する

1. 夜遅くに電話して申し訳ありません。
   I'm sorry to call you late at night.

2. 十分にリハーサルをせず申し訳ありません。
   I'm sorry to fail to rehearse enough.

3. 計画の変更をお伝えすることになり申し訳ありません。
   I'm sorry to say the plan has been changed.

4. 時間を無駄にさせて申し訳ありません。
   I'm sorry to waste your time.

5. お邪魔して申し訳ありません。
   I'm sorry to interrupt you.

6. 悪い知らせを伝えねばならず申し訳ありません。
   I'm sorry to have to give you some bad news.

7. 道を間違って教えてしまい申し訳ありません。
   I'm sorry to have given you wrong directions.

8. あなたの依頼を受けることができず申し訳ありません。
   I'm sorry to be unable to accept your request.

9. こんなに長い間、待たせて申し訳ありません。
   I'm sorry to keep you waiting so long.

10. こんなに早く来てもらって申し訳ありません。
    I'm sorry to ask you to come so early.

＊2. リハーサル（予行練習）する　rehearse

Sorry for not ～.

～しなくてごめんなさい。

Sorry for ～.で、「～してごめんなさい」というカジュアルな謝罪ですが、forの後にnotを続けることで、自分が行わなかったことについて、相手に謝罪します。notの後には動名詞を続けます。

Example

A I was so worried about you.　とても心配していたのよ。
B Sorry for not calling earlier.　もっと早く電話しなくてごめん。
A What happened?　何が起きたの？
B My phone battery died all of a sudden.　電話のバッテリーが急に切れたんだ。

＊ all of a sudden　急に

1. パーティーに出なくてごめんなさい。
   Sorry for not attending the party.

2. 別の部屋を用意しなくてごめんなさい。
   Sorry for not preparing another room.

3. 荷物を（運ぶのを）手伝わずごめんなさい。
   Sorry for not helping you with your baggage.

4. もっと早く電話しなくてごめんなさい。
   Sorry for not calling earlier.

5. 時間どおりに到着しなくてごめんなさい。
   Sorry for not being on time.

6. あなたの意見に従わなくてごめんなさい。
   Sorry for not listening to you.

7. もっと早く伝えなくてごめんなさい。
   Sorry for not telling you sooner.

8. きちんとした身なりをしてなくてごめんなさい。
   Sorry for not being properly dressed.

9. 正しい手順に従わなくてごめんなさい。
   Sorry for not following the correct procedure.

10. その研究資料をあなたに持ってこなくてごめんなさい。
    Sorry for not getting you the research materials.

＊5. 時間どおりに　on time　8. きちんと　properly　9. 手順　procedure　10. 資料　materials

MP3 071 I'm sorry that ～.

～で残念です／お気の毒です／申し訳ありません。

間違ったことに対する謝罪や、不幸な出来事に対する残念な気持ちを表すパターンです。さらに強調したいときは、sorry の前に、really/so/very を加えます。

Example

A Did you get the promotion?　昇進した？
B No. They offered it to one of my coworkers.　いいや、同僚の1人が昇進したよ。
A I'm sorry that it didn't work out.　いい結果にならず残念ね。
B That's OK. Maybe next time.　大丈夫。多分、次回だ。

＊get a promotion　昇進する／work out　いい結果になる

1. 覚えてなくて申し訳ありません。
   I'm sorry that I don't remember you.

2. あなたの息子さんを連れてこられなかったのは残念です。
   I'm sorry that you couldn't bring your son.

3. 電話するまで時間がとてもかかって申し訳ありません。
   I'm sorry that it took so long to call you.

4. 誤解してしまい申し訳ありません。
   I'm sorry that I got you wrong.

5. 出席できず申し訳ありません。
   I'm sorry that we can't make it.

6. いい結果にならず残念です。
   I'm sorry that it didn't work out.

7. 人手不足で申し訳ありません。
   I'm sorry that we're short-handed.

8. あなたが採用されず残念です。
   I'm sorry that you didn't get the job.

9. あなたが財布を無くしたのはお気の毒です。
   I'm sorry that you've lost your purse.

10. 体調が良くなくてお気の毒です。
    I'm sorry that you're not feeling well.

＊4. ～を誤解する　get ～ wrong　7. 人手不足の　short-handed

072

 **I'm sorry, but ～.**

すみませんが、～です。

相手からの頼み事や提案を断るとき、相手と意見が違うとき、ネガティブな知らせを伝えるときなど、相手を傷つけないよう前置きするパターンです。but以下で、自分の意思や状況を伝えます。

Example

A Are you still coming to my place tomorrow?　それでも明日うちに来る？
B I'm sorry, but we can't make it.　悪いけど、出席できないんだ。
A You never come to my parties.　わたしのパーティーに来たことないわよね。
B We both have to work.　僕たち2人とも仕事をしなくちゃならないから。

1. すみませんが、あなたに見覚えがありません。
   I'm sorry, but I don't recognize you.

2. すみませんが、この色は気に入りません。
   I'm sorry, but I don't like this color.

3. すみませんが、あなたは反省しなければならないと思います。
   I'm sorry, but I think you must reflect on yourself.

4. すみませんが、出席できません。
   I'm sorry, but we can't make it.

5. すみませんが、彼に同情していません。
   I'm sorry, but I don't feel bad for him.

6. すみませんが、あなたは少し時代遅れですよ。
   I'm sorry, but you're kind of old-fashioned.

7. すみませんが、なぜあなたが気を悪くしているのか分かりません。
   I'm sorry, but I don't know why you feel hurt.

8. すみませんが、それに対して責任があるのはあなたです。
   I'm sorry, but it's you who is responsible for it.

9. すみませんが、わたしたちはこれ以上待てません。
   I'm sorry, but we can't wait any longer.

10. すみませんが、これ以上あなたと取引できません。
    I'm sorry, but we can't deal with you anymore.

＊3. 反省する　reflect on oneself　5. ～に同情する　feel bad for ～　6. 少し　kind of／時代遅れの　old-fashioned
7. 気を悪くする　feel hurt　10. ～と取引をする　deal with ～

I'm sorry if ～.

～なら、申し訳ありません。

不適切な行動を指摘されたときなどに、そのつもりはなかったと釈明しつつ謝罪するパターンです。状況によっては、やや皮肉めいたフレーズとして使うこともできます。

Example

A Why are you packing your things? どうして荷物をまとめているの？
B I quit my job today. わたし、会社を辞めるの。
A What? That's news to me. 何だって？ 初耳だけど。
B I'm sorry if it comes as a surprise. 驚かせたならごめんなさい。

＊pack one's things 荷物をまとめる／That's news to me. 初耳だけど。

1. そのガイドが誤った方向に誘導したのなら、申し訳ありません。
   I'm sorry if the guide misled you.

2. あなたを混乱させたなら、申し訳ありません。
   I'm sorry if I made you confused.

3. あなたに配慮しなかったなら、申し訳ありません。
   I'm sorry if I didn't consider you.

4. あなたの助言に従わなかったのなら、申し訳ありません。
   I'm sorry if I didn't take your advice.

5. わたしのせいで気を悪くしたのなら、申し訳ありません。
   I'm sorry if I upset you.

6. それが驚きだったなら、申し訳ありません。
   I'm sorry if it comes as a surprise.

7. わたしの友人があなたをだましたのなら、申し訳ありません。
   I'm sorry if my friend cheated on you.

8. そのネックレスが高い買い物だったなら、申し訳ありません。
   I'm sorry if you overpaid for the necklace.

9. ビュッフェに十分な料理がなかったなら、申し訳ありません。
   I'm sorry if there wasn't enough food in the buffet.

10. 原稿にあまりに多くの誤字を見つけたなら、申し訳ありません。
    I'm sorry if you discovered too many misspellings in the manuscript.

＊1. ～を誤った方向に誘導する mislead　4. ～の助言に従う take one's advice
　6. 驚きである come as a surprise　10. 原稿 manuscript／誤字 misspelling

I'm sorry to say that ～.

残念ながら／申し訳ないけど～です。

友人に残念な気持ちを伝えることから、社員の解雇通知まで、良くない出来事や知らせを伝えなければならないとき、話を切り出すパターンです。I'm sorry to tell you that ～. としても同じ意味です。

Example

A Did you read through my report?　わたしの報告書、最後まで読んだ？
B Yes, I did.　ああ、読んだよ。
A What did you think of it?　どう思う？
B I'm sorry to say that it's not very clear.　残念ながらあまり明快じゃないね。

＊read through ～　～を最後まで読む

1. 残念ながら品切れです。
   I'm sorry to say that it's out of stock.

2. 残念ながらあなたが誰だか分かりません。
   I'm sorry to say that I don't recognize you.

3. 残念ながら彼は昨晩、亡くなりました。
   I'm sorry to say that he passed away last night.

4. 残念ながらあまり明快ではありません。
   I'm sorry to say that it's not very clear.

5. 申し訳ないけど、あなたとのデート忘れてました。
   I'm sorry to say that I forgot our date.

6. 残念ながら、あなたは解任されました。
   I'm sorry to say that you've been dismissed.

7. 残念ながら、払い戻しは受けられません。
   I'm sorry to say that you can't have a refund.

8. 残念ながら、道に迷いました。
   I'm sorry to say that we're lost.

9. 残念ながら、息子さんは最下位です。
   I'm sorry to say that your son is at the lower end.

10. 申し訳ないことに、あなたの学位論文の一部を誤訳しました。
    I'm sorry to say that we've mistranslated parts of your thesis.

＊1. 品切れ　out of stock　3. 亡くなる　pass away　7. 払い戻しを受ける　have a refund
　9. 最下位で　at the lower end　10. 学位論文　thesis／～を誤訳する　mistranslate

I'm sorry to hear that 〜.
〜とは残念です／お気の毒です。

良くない知らせを聞いて、残念だったり、気の毒だったりする気持ちを表現するパターンです。状況により、「残念だ」「気の毒だ」のニュアンスが分かれます。

Example

A I haven't seen Mary for ages.　ずいぶん長いこと、メアリーを見てないけど。

B Me neither, but I heard that she has stomach cancer.　わたしも。でも、彼女、胃がんになったって聞いたわ。

A Oh, no. I'm sorry to hear that she's not well.　えっ、まさか。彼女が病気だなんて気の毒だ。

B I think we should visit her soon.　近々お見舞いに行った方がいいわね。

＊for ages　ずいぶん長いこと／stomach cancer　胃がん

1. 歓迎されないとは残念です。
   I'm sorry to hear that I'm not welcomed.

2. わたしの提案を却下なさったとは残念です。
   I'm sorry to hear that you rejected my proposal.

3. あなたが交通事故に巻き込まれたとはお気の毒です。
   I'm sorry to hear that you got into a traffic accident.

4. 彼女が病気とはお気の毒です。
   I'm sorry to hear that she's not well.

5. あなたのお母様が亡くなられて残念です。
   I'm sorry to hear that your mother passed away.

6. あなたが引っ越すとは残念です。
   I'm sorry to hear that you're moving away.

7. あなたが試験に落ちたとは残念です。
   I'm sorry to hear that you failed the exam.

8. あなたが出席できないとは残念です。
   I'm sorry to hear that you won't be able to make it.

9. 体調が良くないとはお気の毒です。
   I'm sorry to hear that you're not feeling well.

10. 彼がけがをしたとはお気の毒です。
    I'm sorry to hear that he got hurt.

＊3. 交通事故　traffic accident／〜に巻き込まれる　get into 〜　6. 引っ越す　move away

I feel sorry for ～.

～が気の毒です／のお悔やみ申し上げます。

困難な状況や不幸な境遇の人に対し、同情を示したり、お悔やみを述べたりするパターンです。feelの代わりにbe動詞を使って、I'm sorry for ～と言うこともできます。

Example

A Both teams played really well.　両チームとも本当によく戦ったね。
B I feel sorry for the losing team.　負けたチームが気の毒だわ。
A So do I.　僕もそう思うよ。
B At least it was a close game.　少なくとも接戦だったわよね。

＊at least　少なくとも／close game　接戦

1. お父様が気の毒です／お父様のことお悔やみ申し上げます。
   I feel sorry for your father.

2. 孤児たちが気の毒です。
   I feel sorry for the orphans.

3. 彼が試験に落ちて気の毒です。
   I feel sorry for his failing the test.

4. 彼らが気の毒です。
   I feel sorry for them.

5. ご家族を亡くされお悔やみ申し上げます。
   I feel sorry for your loss.

6. 彼らの先生が気の毒です。
   I feel sorry for their teacher.

7. 負けたチームが気の毒です。
   I feel sorry for the losing team.

8. 彼のお姉さんが行方不明になっていること気の毒です。
   I feel sorry for his missing sister.

9. 彼女の病気のお母さんが気の毒です。
   I feel sorry for her sick mother.

10. この世代の子どもたちが気の毒です。
    I feel sorry for the kids of this generation.

＊2. 孤児　orphan　8. 行方不明の　missing　10. 世代　generation

Unit 12

If 〜.

学校での英文法の授業の記憶などから、ifというと仮定法がまず連想されます。
確かに、次の077のパターン、If I were you, I would 〜.
(わたしがあなただったら、〜するのに) は仮定法を用いた表現です。
しかし、それ以上に使われるのが、「もしよかったら、〜します」のような
仮定法を用いずに「条件」を付けるパターンです。If 〜.の幅広い用法を学びます。

077

MP3 077 # If I were you, I would 〜.

わたしがあなただったら、〜するのに。

相手に助言するときに使うパターンです。相手の立場になって、自分ならばどのようにするかと言うことによって、親身になって考えているというニュアンスが出ます。わたしはあなたではないから、できないという含みもあります。

A What's wrong with you?　どうしたの？
B I don't know if she likes me.　彼女が僕のことを好きなのか分からないんだ。
A If I were you, I would talk to her.　わたしがあなただったら彼女に話すのに。
B I don't know what to say.　何て言えばいいか分からないんだ。

1. わたしがあなただったら、彼に手紙を書くのに。
If I were you, I would write to him.

2. わたしがあなただったら、かかりつけの医者に診てもらうのに。
If I were you, I would go see my doctor.

3. わたしがあなただったら、電話で今日、仕事を病欠すると伝えるのに。
If I were you, I would call in sick for work today.

4. わたしがあなただったら、彼女に話すのに。
If I were you, I would talk to her.

5. わたしがあなただったら、彼に謝るのに。
If I were you, I would apologize to him.

6. わたしがあなただったら、散らかったものを片付けるのに。
If I were you, I would clean up the mess.

7. わたしがあなただったら、桜の木をもう数本植えるのに。
If I were you, I would plant a few more cherry trees.

8. わたしがあなただったら、朝の練習をサボるのに。
If I were you, I would skip morning practice.

9. わたしがあなただったら、何が起きたのか説明するのに。
If I were you, I would explain what happened.

10. わたしがあなただったら、ジュリーに夕食を食べに行こうと誘うのに。
If I were you, I would ask Julie to go out for dinner.

＊3. 電話で病欠を伝える　call in sick　6. 散らかったものを片付ける　clean up the mess　8. 〜をサボる　skip

If you like, 〜.

もしよかったら、〜します。

慎重に相手の意向を聞いてみるパターンで、望み次第で柔軟に対応するというニュアンスがあります。
If you want, 〜. 、If it's OK with you, 〜. も同様の表現です。

A I'm so busy getting ready for his birthday party.　彼の誕生日パーティーの準備でとても忙しいの。

B If you like, I can make chocolate mousse.　もしよかったら、チョコレートムースを作れるわよ。

A Are you sure you don't mind?　本当にいいの？

B Not at all.　もちろん。

1. もしよかったら、今晩、わたしが夕食を作ります。
   If you like, I'll make dinner tonight.

2. もしよかったら、ここにもう1週間滞在してもいいですよ。
   If you like, you can stay here another week.

3. もしよかったら、庭仕事を手伝えます。
   If you like, I can help you with the garden.

4. もしよかったら、サラが加われるよう招待します。
   If you like, I'll invite Sarah to join us.

5. もしよかったら、乗馬を習えますよ。
   If you like, you can learn horse riding.

6. もしよかったら、チョコレートムースを作れます。
   If you like, I can make chocolate mousse.

7. もしよかったら、有名人を紹介できます。
   If you like, I can introduce a celebrity to you.

8. もしよかったら、わたしの主治医の電話番号を教えられます。
   If you like, I can give you my doctor's number.

9. もしよかったら、学生組合で働けますよ。
   If you like, you can work for the students' union.

10. もしよかったら、オンラインで無料レッスンを受けられますよ。
    If you like, you can take a free lesson online.

＊7. 有名人　celebrity　9. 学生組合　students' union

If you need any 〜, ...

何か〜が必要ならば、…します。

相手が必要としていることに対し、対応する用意があるという好意を示すパターンです。あるものが必要ですよねと述べることで、相手が足りないものを暗に伝えることもあります。

Example

A I'm cooking dinner at my house tomorrow.　明日は家で夕食を作るんだ。
B What are you making?　何を作るつもり？
A I'm not sure yet.　まだ分からないよ。
B If you need any recipes, let me know. I have a bunch.　何かレシピが必要なら言ってね。たくさん持ってるから。

＊a bunch　（量や数が）たくさん

1. 何かさらなる詳細が必要ならば、聞いてください。
   If you need any further details, ask me.

2. 何か手助けが必要ならば、お知らせください。
   If you need any help, please let me know.

3. 何か装飾のアイデアが必要ならば、手助けできます。
   If you need any decorating ideas, I can help.

4. 何かアドバイスが必要ならば、ここにいます。
   If you need any advice, I'm here.

5. 何か手助けが必要ならば、上の階にいます。
   If you need any help, I'll be upstairs.

6. 何かレシピが必要ならば、言ってください。
   If you need any recipes, let me know.

7. 何か援助が必要ならば、電話してください。
   If you need any assistance, you can call us.

8. 何か情報が必要ならば、あなたの先生に尋ねてください。
   If you need any information, ask your teacher.

9. 何か説明が必要ならば、もっと詳しい説明書を送れます。
   If you need any clarification, I can send you more detailed instructions.

10. 適切な運動について、何か情報が必要ならば、いい本を知っています。
    If you need any information on appropriate exercises, I know a good book.

＊7. 援助　assistance　9. 説明　clarification／説明書　instructions　10. 適切な　appropriate

If you want me to 〜, ...

〜してほしいなら、…します。

自分が行動することを相手が望んでいるかどうか確認し、そうである場合、どのように対応するかを伝えるパターンです。

Example

A Could you be a bit quieter?　もうちょっと静かにしてくれない？

B If you want me to go away, just tell me.　どこかへ行ってほしいなら、はっきりそう言ってね。

A No, I just don't want the baby to wake up.　そうじゃなくて、子どもを起こしたくないのよ。

B Oh, sorry!　あっ、ごめん！

＊wake up　起きる、〜を起こす

1. 出て行ってほしいなら、そうします。
   If you want me to leave, I will.

2. 起こしてほしいなら、その時間を教えてください。
   If you want me to wake you up, let me know when.

3. 報告書を仕上げてほしいならば、メールを送ってください。
   If you want me to finish the report, just email me.

4. 繰り返してほしいなら、そうします。
   If you want me to repeat it, I will.

5. 一緒に行ってほしいなら、そうすることもできます。
   If you want me to go with you, I can do that as well.

6. 滞在してほしいなら、喜んでそうします。
   If you want me to stay, I'd be happy to.

7. どこかへ行ってほしいなら、はっきりそう言ってください。
   If you want me to go away, just tell me.

8. 犬の世話をしてほしいなら、問題ないです。
   If you want me to take care of your dog, that's no problem.

9. 一緒にジョギングしてほしいなら、メールを送ってください。
   If you want me to go jogging with you, just text me.

10. 買い物してほしいなら、買い物リストをください。
    If you want me to shop for you, give me your shopping list.

＊9.（携帯電話で）〜にメールを送る　text

If you don't mind, I'd like to 〜.
差し支えなければ、〜したいです。

自分がしようとすることに対し、反対でないか確認したり、許可を求めたりするときに使います。mindは「〜を気にする」という意味で、その否定で「〜を気にしない」→「差し支えない」となります。

Unit 12 If 〜.

Example

A If you don't mind, I'd like to drive tonight.　差し支えなければ、今夜ドライブしたいのだけど。
B OK. What time will you pick me up then?　いいわよ。それで、何時に迎えに来る?
A How about 7 p.m.? We can have dinner first.　午後7時はどう?　まず夕食にしよう。
B Excellent.　素晴らしいわね。

1. 差し支えなければ、家に帰りたいです。
   If you don't mind, I'd like to go back home.

2. 差し支えなければ、この科目を飛ばしたいです。
   If you don't mind, I'd like to skip this course.

3. 差し支えなければ、新しい職を辞めたいです。
   If you don't mind, I'd like to resign from my new position.

4. 差し支えなければ、今夜ドライブしたいです。
   If you don't mind, I'd like to drive tonight.

5. 差し支えなければ、あなたの犬をなでたいです。
   If you don't mind, I'd like to pat your dog.

6. 差し支えなければ、あなたの家を訪問したいです。
   If you don't mind, I'd like to visit your house.

7. 差し支えなければ、あなたの文書を見直したいです。
   If you don't mind, I'd like to review your writing.

8. 差し支えなければ、明日、車を借りたいです。
   If you don't mind, I'd like to rent a car tomorrow.

9. 差し支えなければ、午前11時ごろに彼を迎えに行きたいです。
   If you don't mind, I'd like to pick him up around 11 a.m.

10. 差し支えなければ、出掛ける前にメールをチェックしたいです。
    If you don't mind, I'd like to check my email before I leave.

＊2. 〜を飛ばす　skip　3. 〜を辞める　resign　5. 〜をなでる　pat　7. 〜を見直す　review

(MP3 082) If there's anything ～, ...

何か～なもの／ことがあるなら、…してください。

今後、起こりうる問題に対し、どのように行動すればよいかを伝えるパターンです。それにより、相手を安心させることができます。

Example

A Are you shopping for groceries this weekend?　今週末、食料品を買う？

B Yes, I am.　うん、そうだけど。

A That's good. Will you do me a favor, honey?　よかった。ねえ、お願いがあるんだけど、いい？

B Sure. If there's anything you need from the store, write it down.　もちろん。店で何か必要なものがあるなら、書き出しておいて。

＊groceries　食料品

1. 何か彼が忘れたことがあるなら、教えてあげてください。
   If there's anything he forgot, let him know.

2. 何か持ってくるべきものがあるなら、言ってください。
   If there's anything I should bring, please tell me.

3. 何かお手伝いできることがあるなら、遠慮なく電話してください。
   If there's anything I can help you with, feel free to call me.

4. 何か残りものがあるなら、持っていきます。
   If there's anything left, I'll take it.

5. 何かわたしが聞き逃したことがあるなら、教えてください。
   If there's anything I missed, please let me know.

6. スペルミスがあるなら、マーカーで塗ってください。
   If there's anything I misspelled, please highlight it.

7. 他に何か必要なものがあるなら、すぐにメールを送ってください。
   If there's anything else you need, text me right away.

8. 何かほしいものがあるなら、喜んで持ってきます。
   If there's anything you want, I'd be happy to bring it.

9. 店で何か必要なものがあるなら、書き出しておいてください。
   If there's anything you need from the store, write it down.

10. 何かできることがあるなら、教えてください。
    If there's anything I can do, please let me know.

＊3. 遠慮なく～する　feel free to ～　6. ～のスペルミスをする　misspell／～をマーカーで塗る　highlight
7. すぐに　right away

112

Unit 13

There is/are ～.

There is a book on the desk.（机の上に本があります）のように、
There is/are ～.は、モノや人の存在を表すパターンです。
しかしそれ以外にも、「～する必要はありません」
「～なわけ／見込みがありません」「～が台無しです」など、さまざまに使われます。
There is/are ～.のパターンでどのようなことが言えるか、見てみましょう。

083 There is always ～.
　　～がいつもあります。

084 There is no need to ～.
　　～する必要はありません。

085 There is no time to ～.
　　～する時間はありません。

086 There is no way that ～.
　　～なわけ／見込みがありません。

087 There is nothing ～.
　　～は何もありません。

088 There are so many ～.
　　～がとてもたくさんあり／います。

089 There must be ～.
　　～がある／いるはずです。

090 There will be ～.
　　～がある／いるでしょう。

091 There goes ～.
　　～が台無しです。

092 There seems to be ～.
　　～がある／いるようです。

093 Is there any ～?
　　～はあり／いますか?

094 Is there enough ～?
　　～は十分ありますか?

There is always ～.

～がいつもあります。

There is ～ は後ろに単数名詞が来て「～がある」という意味で、alwaysは「いつも」という意味です。
ですからこのパターンは、常に存在している事象や可能性を表します。

Example

A Do you want to go shopping tomorrow?　明日、買い物に行く？
B No. I'm going on Tuesday.　いえ。火曜日に行くつもりだけど。
A Why?　どうして？
B There is always a sale on Tuesday.　火曜日にはセールがいつもあるから。

1. ここでは何かがいつも起こっています。
   There is always something going on here.

2. 何か感謝することがいつもあります。
   There is always something to be thankful for.

3. こうした会議では意見の相違がいつもあります。
   There is always a disagreement at these meetings.

4. またの機会はいつもあります。
   There is always next time.

5. 別の日はいつもあります（明日があるさ）。
   There is always another day.

6. 火曜日にはセールがいつもあります。
   There is always a sale on Tuesday.

7. すべき大量の仕事がいつもあります。
   There is always a ton of work to do.

8. このバーには多数の客がいつもいます。
   There is always a bunch of customers at this bar.

9. ベティーの寝室には洗濯物の山がいつもあります。
   There is always a pile of laundry in Betty's bedroom.

10. 発表後には質問の時間がいつもあります。
    There is always time for questions after the presentations.

＊2. ～に感謝している　be thankful for ～　3. 意見の相違　disagreement　7. たくさんの～　a ton of ～
8. 多数の～　a bunch of ～　9. 洗濯物　laundry／～の山　a pile of ～

There is no need to 〜.

〜する必要はありません。

toの後に動詞を続けて、行動が不要であると伝えるパターンです。不適切な行動を指摘する際にも使われます。

A Mike called you earlier.　さっきマイクから電話があったけど。
B Did he? I'll call him back later.　そうだったの？　後で電話をかけ直すわ。
A No. There is no need to call him back. He'll call you again.　いや。折り返し電話する必要はないよ。また電話してくるよ。
B OK. That's good.　分かった。よかった。

1. 怒る必要はありません。
   There is no need to get mad.

2. この壊れた机を直す必要はありません。
   There is no need to repair this broken desk.

3. マネジャーと口論する必要はありません。
   There is no need to quarrel with the manager.

4. そんなに意地悪になる必要はありません。
   There is no need to be so mean.

5. 彼に折り返し電話する必要はありません。
   There is no need to call him back.

6. 彼女をけなす必要はありません。
   There is no need to call her names.

7. わたしに謝る必要はありません。
   There is no need to say sorry to me.

8. そんなに否定的になる必要はありません。
   There is no need to be so negative.

9. 彼女に相談する必要はありません。
   There is no need to consult her.

10. 無作法になる必要はありません。
    There is no need to be rude.

＊3. 〜と口論する　quarrel with 〜　6. 〜をけなす　call 〜 names

There is no time to 〜.

〜する時間はありません。

このパターンのtimeは、「（何かをするのに使う）時間」を意味します。日本語で「そんなことしている暇はない」と言うときの、「暇」に似たニュアンスです。I/We have no time to 〜.としても同じです。

Example

A You look exhausted.　疲れているようだけど。
B I've been up all night studying for my finals.　期末試験の勉強をするため徹夜したの。
A You should take a nap.　昼寝でもしないと。
B There is no time to sleep.　寝る時間なんてないわ。

＊be up all night　徹夜する

1. 無駄にする時間はありません。
   There is no time to waste.

2. 休みを取る時間はありません。
   There is no time to take a break.

3. 雑談を楽しむ時間はありません。
   There is no time to enjoy small talk.

4. 立ち止まる時間はありません。
   There is no time to stop.

5. 寝る時間はありません。
   There is no time to sleep.

6. 割ける時間はありません。
   There is no time to spare.

7. 化粧する時間はありません。
   There is no time to put on makeup.

8. 理由を説明する時間はありません。
   There is no time to explain why.

9. 何となくぶらぶらしている時間はありません。
   There is no time to just hang around.

10. 患者を病院へ連れていく時間はありません。
    There is no time to take the patient to the hospital.

＊3. 雑談　small talk　6. （時間など）を割く　spare　7. 化粧する　put on makeup　9. ぶらぶらする　hang around

There is no way that ～.

MP3 086

～なわけ／見込みがありません。

No way! というと、「ありえない！」「絶対にだめ！」「まさか！」という意味で、非常に強い否定になります。There is no way that ～. も、「～なわけがない」「～見込みがない」という強い否定の意味で使われます。

Example

A There is no way that we're getting home tonight.　今晩、帰宅できる見込みがないわ。
B Why not?　どうして？
A Look outside!　外を見て！
B Wow! It's really snowing now.　うわ！　雪がすごく降ってるね。

1. これがうまくいくわけがありません。
   There is no way that this will work.

2. 時間通りに着く見込みがありません。
   There is no way that we'll make it on time.

3. このことに対するあなたの責任を回避できるわけがありません。
   There is no way that you can avoid some responsibility for this.

4. あなたがその地位に就ける見込みはありません。
   There is no way that you can get the job.

5. 彼女がそんなに高価なドレスを買う余裕があるわけがありません。
   There is no way that she can afford such an expensive dress.

6. あなたが飛行機に間に合う見込みはありません。
   There is no way that you'll catch your flight.

7. あなたがこのことの罰を受けずに済むわけがありません。
   There is no way that you can get away with this.

8. 今晩、帰宅できる見込みがありません。
   There is no way that we're getting home tonight.

9. 彼が審査員の心をつかめるわけがありません。
   There is no way that he can win the hearts of the judges.

10. 彼らが優勝チームに勝てるわけがありません。
    There is no way that they can beat the champions.

＊3. ～を回避する　avoid　7. ～の罰を受けずに済む　get away with ～　9. ～の心をつかむ　win the heart of ～

There is nothing 〜.

〜は何もありません。

nothingは「何もない」という意味で、There is nothingで、「何もありません」という表現になります。
それに続けて、存在しないものは何かについて説明を加えます。

Example

A Can we find another bar to go to?　他に行けるバーはあるかな？

B Why? You don't like it here?　なぜ？ ここが気に入らない？

A No, I don't. There is nothing to do here.　うん、気に入らない。ここですることは何もないから。

B I see. The one next door has darts and a pool table.　分かった。隣のバーにはダーツとビリヤード台があるよ。

＊pool table　ビリヤード台

1. これ以上失うものは何もありません。
   There is nothing more to lose.

2. 彼女が間違っていることは何もありません。
   There is nothing wrong with her.

3. 手伝えることは何もありません。
   There is nothing I can help you with.

4. 残っている食べ物は何もありません。
   There is nothing left to eat.

5. ここですることは何もありません。
   There is nothing to do here.

6. 彼を励ますようなことは何もありません。
   There is nothing to cheer him up.

7. ピザに載せる具は何もありません。
   There is nothing to put on the pizza.

8. 彼女について褒めることは何もありません。
   There is nothing to praise her about.

9. その事件について話すことは何もありません。
   There is nothing to say about the case.

10. あのサイトでダウンロードするものは何もありません。
    There is nothing to download from that site.

＊6. 〜を励ます　cheer up 〜　8. 〜を褒める　praise

There are so many ～.

～がとてもたくさんあり／います。

数えられるものが存在していたり、起こったりして、しかもその数がとても多いときに使います。people（人々）、things（もの）、problems（問題）、kinds（種類）、ways（方法）のような名詞が続きます。

Example

A There are so many reasons I love you.　君を愛する理由がとてもたくさんあるんだ。
B Really? Like what?　本当に？　どんなこと？
A You're gorgeous, nice, beautiful ...　君はとても魅力があって、性格が良くて、美しい…
B Is that all? Ha-ha!　それで全部？　はは！

＊gorgeous　とても魅力がある

1. 仕上げなくてはならない仕事がとてもたくさんあります。
There are so many jobs I need to finish.

2. 毎週末、パーティーがとてもたくさんあります。
There are so many parties every weekend.

3. 顧客からの要求がとてもたくさんあります。
There are so many requests from customers.

4. 道に車がとてもたくさんあります。
There are so many cars on the road.

5. あなたを愛する理由がとてもたくさんあります。
There are so many reasons I love you.

6. この水族館にはカラフルな魚がとてもたくさんいます。
There are so many colorful fish at this aquarium.

7. 世界には訪れるべき美しい場所がとてもたくさんあります。
There are so many beautiful spots to visit in the world.

8. この熱帯庭園には驚くべき植物がとてもたくさんあります。
There are so many amazing plants at this tropical garden.

9. あなたができることはとてもたくさんあります。
There are so many things you can do.

10. このビュッフェ式レストランにはさまざまな食べ物がとてもたくさんあります。
There are so many different foods to eat at this buffet restaurant.

＊3. 顧客　customer　6. 水族館　aquarium　8. 熱帯の　tropical

089

There must be ～.
～がある／いるはずです。

このパターンの助動詞mustは「～のはずだ」の意味で、There must be ～.で、「～がある／いるはずだ」になります。自分の判断に確信を持っていることを示したいときなどに使います。

Example

A Why are you crying?　どうして泣いてるの？
B I don't know.　分からない。
A There must be something wrong.　何か問題があるはずだよ。
B No, nothing is wrong.　いいえ、何も問題はないの。

---

1. 百の（数多くの）選択肢があるはずです。
   There must be a hundred choices.

2. わたしのできることが何かあるはずです。
   There must be something I can do.

3. ここから抜け出す別の方法があるはずです。
   There must be another way to get out of here.

4. これ以外にあるはずです。
   There must be more than this.

5. 何か問題があるはずです。
   There must be something wrong.

6. 成功すれば多くの栄光があるはずです。
   There must be a lot of glory if you succeed.

7. 角には警察官がいるはずです。
   There must be a police officer on the corner.

8. 患者を治療するより良い方法があるはずです。
   There must be a better way to cure the patient.

9. 舞台裏には優れた助言者がいるはずです。
   There must be a good advisor behind the scenes.

10. 会議を運営するもっと簡単な方法があるはずです。
    There must be an easier way to run the meeting.

＊6. 栄光　glory　9. 舞台裏　behind the scene／助言者　advisor

090

MP3 090 There will be ～.

～がある／いるでしょう。

There is/are ～に未来を表す助動詞 will を加えることで、人が多いだろう、会議があるだろう、本があるだろうなど、これから予想される出来事や状況を表します。

Example

A Are they going to announce the new company president?　新しい社長を発表する予定なの？

B Yes, they are. There will be a meeting this afternoon.　うん、そうだよ。今日の午後、会議があるだろう。

A I wonder if we'll have to introduce ourselves.　わたしたち、自己紹介することになるのかしら。

B Probably.　多分ね。

1. 約50人の人たちがいるでしょう。
   There will be about 50 people.

2. 十分な時間があるでしょう。
   There will be enough time.

3. 最後にはわたしを理解する時があるでしょう。
   There will be a moment when you finally understand me.

4. ハーフタイムには休憩があるでしょう。
   There will be a break at halftime.

5. 今日の午後、会議があるでしょう。
   There will be a meeting this afternoon.

6. 引き出しには救急箱があるでしょう。
   There will be a first-aid kit in the drawer.

7. 全員分の十分な食べ物があるでしょう。
   There will be enough food for everyone.

8. 図書館に新しい本が何冊かあるでしょう。
   There will be a few new books in the library.

9. あなたのスキルを必要とする会社があるでしょう。
   There will be a company that needs your skills.

10. 6ラウンドで行われる大学選手のドラフトがあるでしょう。
    There will be a draft of college players which lasts six rounds.

＊6. 救急箱　first-aid kit　10.（プロスポーツチームが選手を選抜する）ドラフト　draft

There goes 〜.
〜が台無しです。

There goes 〜. は、「〜が行って（消えて）しまう」「〜が台無しだ」という意味です。実現しかけていたことが水の泡になってしまったときなどに、失望感・絶望感を表現します。

Example

A Have you seen the new neighbors who just moved in next door?　隣に越してきたばかりの、新しいお隣さんたちを見た？

B Yes, I have. They look a little bit strange.　うん、見た。ちょっと変に見えたけど。

A There goes the neighborhood.　近所付き合いが台無しだね。

B I hope they're nicer than they look.　見た目よりもいい人たちだといいんだけど。

＊neighborhood　近所付き合い

1. 計画が台無しです。
   There goes our plan.

2. 夕食が台無しです。
   There goes my dinner.

3. もう1つのプロジェクトが台無しです。
   There goes another project.

4. キャリアが台無しです。
   There goes my career.

5. 報酬が台無しです。
   There goes my reward.

6. 予算が台無しです。
   There goes our budget.

7. 新しい職が台無しです。
   There goes my new job.

8. 週末が台無しです。
   There goes my weekend.

9. 給料が台無しです。
   There goes my paycheck.

10. 近所付き合いが台無しです。
    There goes the neighborhood.

＊5. 報酬　reward　6. 予算　budget　9. 給料　paycheck

There seems to be 〜.

〜がある／いるようです。

seem to 〜は「〜するように思われる」という意味で、不確実な事実について、主観的にはこのように思えるという判断を慎重に伝えるパターンです。

Example

A There seems to be a virus on this computer.　このコンピューターにウイルスがいるみたい。

B What should we do? Do you think you can fix it?　どうしよう？ 直せるかしら？

A I'm not sure. Anyway I'm trying to install an anti-virus program.　分からない。とにかくウイルス駆除用のプログラムをインストールするよ。

B I hope it works.　効果があるといいんだけど。

1. エンジンに問題があるようです。
   There seems to be a problem with the engine.

2. この困難な時期を耐える必要があるようです。
   There seems to be a need to bear these hard times.

3. いくらか混乱があるようです。
   There seems to be some confusion.

4. テーブルの下に猫がいるようです。
   There seems to be a cat under the table.

5. このコンピューターにウイルスがいるようです。
   There seems to be a virus on this computer.

6. 歯に何かが挟まっているようです。
   There seems to be something stuck in my teeth.

7. 彼女の成功の陰には大変な努力があるようです。
   There seems to be great effort behind her success.

8. トニーの言語能力には疑いがあるようです。
   There seems to be some doubt about Tony's language ability.

9. この寺院の歴史には秘密があるようです。
   There seems to be a secret about the history of this temple.

10. 主要政党間には大きな意見の相違があるようです。
    There seems to be a great divide between the main political parties.

＊2. 〜を耐える　bear　3. 混乱　confusion　8. 言語能力　language ability　10. 政党　political party

Is there any 〜?

MP3 093

〜はあり／いますか?

存在の有無を尋ねるパターンです。any の後に chance/opportunity を続けると可能性の有無を、way を続けると方法の有無を確認することができます。

A Are you hiring cashiers?　レジ係を募集していますか?
B Yes. We have an opening on the night shift.　はい。夜間勤務に欠員があります。
A Is there any way I can have an interview today?　今日、面接を受ける方法はありますか?
B No, you'll have to apply first.　いいえ。まず、応募していただかなければなりません。

* opening　欠員／night shift　夜間勤務

1. 残っている食べ物はありますか?
   Is there any food left?

2. 訪れなければならない場所は他にありますか?
   Is there any other place we must see?

3. 少し遅く出発できる可能性はありますか?
   Is there any chance we can leave a little later?

4. 今日、面接を受ける方法はありますか?
   Is there any way I can have an interview today?

5. 従うべき規則は他にありますか?
   Is there any other rule we should obey?

6. 時間内に全員に電話する方法はありますか?
   Is there any way you can call everyone in time?

7. 初対面の人に会うのが嫌な理由はありますか?
   Is there any reason you mind meeting strangers?

8. 同乗できる可能性はありますか?
   Is there any chance I can ride with you?

9. その書類の必要事項をまだ記入していない新入生はいますか?
   Is there any freshman who hasn't filled out the form yet?

10. 報告書を書き直す機会はありますか?
    Is there any opportunity to redo the report?

* 4. 面接　interview　5. 〜に従う　obey　9. 〜に必要事項を記入する　fill out 〜／新入生　freshman

094

MP3 094 Is there enough ～?
～は十分ありますか?

会議やパーティーを準備するとき、旅行に出掛ける支度をするとき、進行中の事柄について状況を把握するときなど、あるべきものが十分にあるかどうかを確認するときに役立つパターンです。

Example

A I need to withdraw $1,000.　1000ドル下ろす必要がある。

B Is there enough money in your account?　口座にお金は十分あるの?

A There should be. I only got paid four days ago.　きっとね。4日前に給料をもらったばかりだから。

B That's good. But try not to spend it all.　よかったわね。でも、全部使わないようにして。

＊get paid　給料をもらう

1. 車のガソリンは十分ありますか?
   Is there enough gas in your car**?**

2. わたしたち一行のためのスペースは十分ありますか?
   Is there enough space for our group**?**

3. シャワーを浴びる時間は十分ありますか?
   Is there enough time to take a shower**?**

4. チェックインをする時間は十分ありますか?
   Is there enough time to check in**?**

5. プールの水は十分ありますか?
   Is there enough water in the pool**?**

6. 子どもたち全員分のケーキは十分ありますか?
   Is there enough cake for every kid**?**

7. 難民のための水は十分ありますか?
   Is there enough water for the refugees**?**

8. 口座にお金は十分ありますか?
   Is there enough money in your account**?**

9. クローゼットとダブルベッドを置く広さは十分ありますか?
   Is there enough room for a closet and double bed**?**

10. 携帯電話のバッテリー残量は十分ありますか?
    Is there enough power left in your cellphone battery**?**

＊3. シャワーを浴びる　take a shower　7. 難民　refugee　9. 広さ　room

Unit 14

It's ～.

itはモノを指すだけでなく、人はもちろん、天気、色、状況、必要性など、あらゆるものを表現できる万能の単語です。
ひとまず It's ～. で話を切り出せば、たいていのことが言えます。
「～の時(間)です」「～のも当然です」「～しても無駄です」などが代表例です。
簡単ではあるものの奥の深い、It's ～.のパターンを学んでみましょう。

095

It's just ～.
ただ（の）／まさに～です。

justがsimply（ただ）の意味で使われ、深い意味がないことを表現します。一方、It's just what I wanted.（まさにわたしが望んでいたものだ）のように、exactly（まさに）の意味で使われることもあります。

A We need to get going.　僕たち行かなくちゃ。
B Oh, no! Already?　あらやだ！ もう？
A It's just about time to leave.　まさに出発する時間だね。
B Time really does fly, doesn't it?　時がたつのは本当に早いわね。

1. ただの言い訳です。
   It's just an excuse.

2. ただ高すぎるだけです。
   It's just so expensive.

3. ただの冗談です。
   It's just a joke.

4. ただの不運です。
   It's just bad luck.

5. ただの影です。
   It's just a shadow.

6. ただの悪い時期です。
   It's just a bad time.

7. ただのマネキンです。
   It's just a mannequin.

8. ただの雷雨です。
   It's just a thunderstorm.

9. ただのサプライズパーティーです。
   It's just a surprise party.

10. まさに出発する時間です。
    It's just about time to leave.

＊4. 不運　bad luck　7. マネキン　mannequin　8. 雷雨　thunderstorm

It's time ～.

～の時（間）です。

次にすべきことを伝えたり、提案したりするパターンです。後ろには「for＋名詞」、to不定詞などを続け、具体的な内容を述べます。

Example

A Are you busy?　忙しいですか？

B No, why?　いいえ、なぜですか？

A It's time for a conference call with management at company headquarters.　本社経営陣との電話会議の時間です。

B OK. I'll be ready in a minute.　分かりました。すぐに準備します。

＊conference call　電話会議／headquarters　本社

1. 成長の時です。
   It's time to grow up.

2. 飛行機に搭乗する時間です。
   It's time to board your plane.

3. 新商品の内覧会の時間です。
   It's time for a preview of the new product.

4. 瞑想の時間です。
   It's time for meditation.

5. 復帰の時です。
   It's time for a comeback.

6. 年間利益を計算する時です。
   It's time to calculate the annual profits.

7. 納入元から送られた請求書を支払う時です。
   It's time to pay the bill the supplier sent us.

8. パトロール隊がもう一度見回りを行う時間です。
   It's time for the patrol to make another round.

9. 仕事と生活のバランスについて考える時です。
   It's time to think about your work-life balance.

10. 本社経営陣との電話会議の時間です。
    It's time for a conference call with management at company headquarters.

＊3. 内覧会　preview　4. 瞑想　meditation　6. 年間利益　annual profit　9. 仕事と生活のバランス　work-life balance

It's worth ～.

～の／する価値はあります。

このパターンのworthは、「～する価値がある」という意味で、It's worth ～.は勧誘したり推薦したりするときに使います。worthの後には、名詞や動名詞が続きます。

Example

A I'm selling my car. 車を売るつもり。
B How much are you hoping to get? いくらで売りたいの？
A I'm asking $5,000 for it. 5000ドル要求するつもり。
B No way. It's worth more than that. ありえない。それ以上の価値があるわ。

1. 試す価値はあります。
It's worth trying.

2. きちんと行うため時間をかける価値はあります。
It's worth taking the time to do it right.

3. それに大金を払う価値はあります。
It's worth paying a fortune for it.

4. 再検討する価値はあります。
It's worth reviewing.

5. 争う価値はあります。
It's worth fighting for.

6. 再訪する価値はあります。
It's worth visiting twice.

7. それ以上の価値はあります。
It's worth more than that.

8. 時間と労力分の価値はあります。
It's worth the time and effort.

9. 繰り返し読む価値はあります。
It's worth reading over and over.

10. 少し待つ必要はあっても食べる価値はあります。
It's worth eating although you have to wait a little.

＊3. 大金を払う pay a fortune　4. ～を再検討する review　9. 繰り返し over and over

It's no use 〜.

〜しても無駄です。

相手の行動が問題の解決や目的達成において、何の役にも立たないということを伝えるパターンです。useの後には動名詞が続きます。There is no use 〜. も同じ意味です。

Example

A What's wrong?　どうしたの？
B My sister and I quarreled again.　妹とまたけんかしたの。
A Maybe you should try calling her.　おそらく、君から妹に電話をかけてみるべきだよ。
B It's no use trying to talk to her.　彼女に話そうとしても無駄よ。

＊quarrel　けんかする

1. 不平を言っても無駄です。
   It's no use complaining.

2. 彼に頼んでも無駄です。
   It's no use asking him.

3. 自分がしたことを後悔しても無駄です。
   It's no use regretting what you did.

4. 彼らを脅しても無駄です。
   It's no use threatening them.

5. それについて心配しても無駄です。
   It's no use worrying about it.

6. 彼女に話そうとしても無駄です。
   It's no use trying to talk to her.

7. わたしにうそをついても無駄です。
   It's no use lying to me.

8. 中退しても無駄です。
   It's no use dropping out of school.

9. それについて繰り返し争っても無駄です。
   It's no use fighting about it over and over.

10. それを探して家をくまなく調べても無駄です。
    It's no use looking all over the house for it.

＊1. 不平を言う　complain　3. 〜を後悔する　regret　8. 中退する　drop out of school
10. くまなく調べる　look all over

It's no wonder ～.

～のも当然です。

このパターンのwonderは名詞で「驚くべきこと」という意味ですが、前にnoを加えno wonderだと、「驚きもしないこと」→「当然」という意味になります。It'sを省き、No wonder (that) ～.の形でもよく使われます。

Example

A Who on earth is that?　いったいあの人は誰？
B That's Ryan.　ライアンよ。
A He's a good-looking guy.　イケメンね。
B You can say that again. It's no wonder everyone likes him.　本当にそう。みんなが彼を好きなのも当然ね。

＊on earth　いったい／You can say that again.　本当にそう。

1. あなたが後れを取ったのも当然です。
   It's no wonder you fell behind.

2. 彼に友達が多いのも当然です。
   It's no wonder he has many friends.

3. あなたがいつも遅刻するのも当然です。
   It's no wonder you're late all the time.

4. みんなが彼を好きなのも当然です。
   It's no wonder everyone likes him.

5. 彼らが気を悪くするのも当然です。
   It's no wonder they don't feel good.

6. あなたがいつも疲れているのも当然です。
   It's no wonder you're tired all the time.

7. 彼女がその損失のせいで非難されるのも当然です。
   It's no wonder she's blamed for the loss.

8. 彼女の評判がいいのも当然です。
   It's no wonder she has a good reputation.

9. あなたが昇進したのも当然です。
   It's no wonder you got promoted.

10. その市長の人気がないのも当然です。
    It's no wonder the mayor is not popular.

＊1. 後れを取る　fall behind　3. いつも　all the time　7. ～で非難される　be blamed for ～

It's not like you to ~.

~するなんてあなたらしくありません。

いつもの様子と違っていたり、いつもはしない行動をしたりする人に対し使うパターンです。反対に「~するなんて本当にあなたらしいです」と言うときは、It's just like you to ~.を使います。

Example

A I thought you had work today.　今日は仕事があるんだと思ってたけど。

B I was supposed to go.　行くことになってたけどね。

A It's not like you to skip work.　仕事をサボるなんてあなたらしくないわね。

B I know, but I really wanted to sleep some more.　分かってるよ、でももう少し眠りたかったんだ。

---

1. 怠けるなんてあなたらしくありません。
   It's not like you to be lazy.

2. そんなひどい仕事をするなんてあなたらしくありません。
   It's not like you to do such poor work.

3. 逃げるなんてあなたらしくありません。
   It's not like you to run away.

4. 威張り散らすなんてあなたらしくありません。
   It's not like you to be bossy.

5. 仕事をサボるなんてあなたらしくありません。
   It's not like you to skip work.

6. 緊張するなんてあなたらしくありません。
   It's not like you to be nervous.

7. 諦めるなんてあなたらしくありません。
   It's not like you to give up.

8. 規則を破るなんてあなたらしくありません。
   It's not like you to break the rules.

9. 言い訳するなんてあなたらしくありません。
   It's not like you to make an excuse.

10. 約束を忘れるなんてあなたらしくありません。
    It's not like you to forget your appointment.

＊3. 逃げる　run away　4. 威張り散らした　bossy　8. 規則を破る　break a rule　9. 言い訳する　make an excuse

It is said that ～.
～と言われています／だそうです。

世間で定説になっていることや、誰かから聞いたことを相手に伝えるときに使うパターンです。that以下でその内容を伝えます。

Example

A It is said that good friends are hard to find.　いい友達は探すのが難しいって言うよね。
B Who says that?　誰が言ったの？
A Someone without many friends I suppose.　友達が多くない人だろうと思うけど。
B Yeah, that sounds about right.　ええ、まあそんな人でしょうね。

＊that sounds about right　まあそんなところだ

1. 勤勉は報われると言われています。
   It is said that hard work pays off.

2. 日本食は健康にいいと言われています。
   It is said that Japanese food is good for your health.

3. その双子は母親に似ていると言われています。
   It is said that the twins take after their mom.

4. 祈りが助けになると言われています。
   It is said that praying can help.

5. 嘘つきが好きな人はいないと言われています。
   It is said that nobody likes a liar.

6. 彼の授業は本当に難しいそうです。
   It is said that his class is really difficult.

7. いい友達は探すのが難しいと言われています。
   It is said that good friends are hard to find.

8. コーエンさんは町で一番の医者だそうです。
   It is said that Mr. Cohen is the best doctor in town.

9. 10月は車を購入する好機だと言われています。
   It is said that October is the right time for buying cars.

10. 人は人生において、大きな機会を3回つかむと言われています。
    It is said that you get three great opportunities in your life.

＊1. 勤勉　hard work／報われる　pay off　3. 双子　twins ／～に似る　take after ～

○△□
Part 3

1日に3回以上使う
基本動詞を含むパターン

Part 3では、日常会話でとてもよく使われる、like、think、wantといった
基本動詞を含むパターンを学習びます。基本動詞を覚えただけでも、
英会話がぐっとこなれてきます。実用性の高い例文とともに体得しましょう。

like

likeというと「～が好きだ」「～を気に入っている」ですが、
そればかりではありません。
「～はすてきだ」と相手を褒めるときや、助動詞 would とともに、
I'd like ～. (～をお願いします) I'd like to ～. (～したいのです [が]) で
依頼するときにも用います。

102　I like your ～.
　　　あなたの～が気に入りました／いいですね。

103　I don't like it when ～.
　　　～するのが好きではありません。

104　I'd like ～.
　　　～をお願いします。

105　I'd like to ～.
　　　～したいのです (が)。

102

 I like your 〜.

あなたの〜が気に入りました／いいですね。

I like your 〜.は、相手の気に入ったところを褒めたいときに使う表現です。外見や才能、態度、持ち物など、さまざまなものに対し使えます。

Example

A I like your brother.　あなたのお兄さんいいわね。
B Are you kidding?　冗談でしょ？
A Do you mind if I ask him out?　彼にデートを申し込んでもいい？
B No, I guess not.　もちろん、構わないわよ。

＊ ask 〜 out 　〜にデートを申し込む

1. あなたの古い車いいですね。
   I like your old car.

2. あなたの職業倫理が気に入りました。
   I like your work ethic.

3. あなたの考え方が気に入りました。
   I like your way of thinking.

4. あなたのお兄さんいいですね。
   I like your brother.

5. あなたの新しい髪型いいですね。
   I like your new haircut.

6. あなたのアイデアが気に入りました。
   I like your idea.

7. あなたの新しいゲームが気に入りました。
   I like your new game.

8. あなたの手作りの服いいですね。
   I like your handmade dress.

9. あなたのプレゼンテーション戦略が気に入りました。
   I like your presentation strategy.

10. あなたの良い礼儀が気に入りました。
    I like your good manners.

＊2. 職業倫理　work ethic　3. 考え方　way of thinking　8. 手作りの　handmade　9. 戦略　strategy

Part 3　Unit 15　like

I don't like it when 〜.

〜するのが好きではありません。

「when＋主語＋動詞」で、自分が嫌いな状況について話すパターンです。it は「when＋主語＋動詞」で説明される状況の代名詞で、まさに「それ」が嫌いなのだということを表します。

Example

A Becky. Why are you so upset?　ベッキー、どうしてそんなに怒っているの？

B I don't like it when you leave me sitting on my own.　あなたがわたしを独りで座ったままにしておくのが好きじゃないの。

A Sorry, I thought I'd be back quicker, I swear.　ごめんね。もっと早く戻ってこられると思ってたんだ。誓うよ。

B I was going to go home.　もう帰るところだったわ。

＊sit on one's own　独りで座る

1. あなたが不機嫌な顔をするのが好きではありません。
   I don't like it when you frown.

2. 彼がわたしにうそをつくのが好きではありません。
   I don't like it when he lies to me.

3. 待ち時間があまりに長いのが好きではありません。
   I don't like it when there is such a long wait.

4. 彼が大口をたたくのが好きではありません。
   I don't like it when he talks big.

5. 彼女が態度を翻すのが好きではありません。
   I don't like it when she flip-flops.

6. 彼女ががっかりしているのが好きではありません。
   I don't like it when she is disappointed.

7. あなたの心が狭いのが好きではありません。
   I don't like it when you're narrow-minded.

8. 彼がわたしを子ども扱いするのが好きではありません。
   I don't like it when he treats me like a child.

9. あなたがわたしを独りで座ったままにしておくのが好きではありません。
   I don't like it when you leave me sitting on my own.

10. 彼らがわたしの長所を認めないのが好きではありません。
    I don't like it when they don't recognize my strengths.

＊1. 不機嫌な顔をする　frown　4. 大口をたたく　talk big　5. 態度を翻す　flip-flop　7. 心が狭い　narrow-minded
10. 長所　strength

I'd like 〜.
〜をお願いします。

食べたいもの、予約したい部屋や座席など、相手に自分の希望を伝えるパターンです。ホテルやレストランなどで客側が使うフレーズです。

Example

A How would you like your eggs, sir? 卵はどのようにしましょうか、お客様？
B I'd like them over easy with some toast, please. トーストを添えた両面焼きの半熟卵でお願いします。
A OK. Anything else? 分かりました。他に何か？
B I'll have an orange juice. オレンジジュースを1杯お願いします。

＊over easy 両面焼き半熟卵の

1. 通路側の席をお願いします。
   I'd like an aisle seat.

2. レモネード1杯をお願いします。
   I'd like a glass of lemonade.

3. ツインベッドの部屋をお願いします。
   I'd like a room with twin beds.

4. カフェイン抜きのラテをお願いします。
   I'd like a decaf latte.

5. プールサイドの部屋をお願いします。
   I'd like a poolside room.

6. ファーストクラスの席をお願いします。
   I'd like a seat in first class.

7. 海が見えるスイートをお願いします。
   I'd like an ocean-view suite.

8. サーロインステーキをお願いします。
   I'd like a sirloin steak, please.

9. バター風味のロブスター2匹をお願いします。
   I'd like two buttered lobsters.

10. トーストを添えた両面焼き半熟卵をお願いします。
    I'd like my eggs over easy with some toast, please.

＊1. 通路側の席 aisle seat 4. カフェイン抜きの decaf 7. 海が見える ocean-view 9. バター風味の buttered

Part 3 Unit 15 like

105

(MP3 105) I'd like to ～.

～したいのです（が）。

自分がしたいことを述べたり、受けたいサービスを伝えたりするときに使えるパターンです。丁寧ではあるものの、自分の希望を相手に明確に伝えることができます。

Example

A Are you OK?　大丈夫？

B Not really. I'm upset with Lisa　いえ、そうでもないわ。リサに腹が立ってるの。

A You look really mad.　本当に怒っているようだね。

B I'd like to give her a piece of my mind.　彼女に一言文句を言ってやりたいわ。

* give ～ a piece of one's mind　～に一言文句を言う

1. 家を掃除したいのですが。
   I'd like to clean the house.

2. 金髪にしたいのですが。
   I'd like to go blonde.

3. 独りでどこかに出掛けたいのですが。
   I'd like to go off somewhere by myself.

4. 彼の心を読みたいものです。
   I'd like to read his mind.

5. 髪を切ってもらいたいのですが。
   I'd like to get my hair cut.

6. 自分の無実を証明したいのです。
   I'd like to prove my innocence.

7. ピザを注文したいのですが。
   I'd like to order pizza.

8. 立身出世したいのです。
   I'd like to make something of myself.

9. それをしてくれる人を雇いたいのですが。
   I'd like to hire someone to do that.

10. 彼女に一言文句を言いたいのですが。
    I'd like to give her a piece of my mind.

* 2. 金髪にする　go blonde　3. 出掛ける　go off　4. ～の心を読む　read one's mind
8. 立身出世する　make something of oneself

Unit 16

think

日常会話でthinkは、「～を考える」より、「～と思います」の意味で多用されます。
I think ～.とすることで断定を避けソフトな印象を相手に与えるため、
ネイティブによっては、口癖のようにI thinkを使う人もいます。
また、What do you think of ～?で相手の意見を尋ねることもできます。

106 I think I like ～.
　　～がいい／自分に合っていると思います。

107 I think you should ～.
　　～した方がいいと思います。

108 I think we need to ～.
　　～する必要があると思います。

109 I'm thinking about ～.
　　～（すること）を考えています。

110 I've been thinking about ～.
　　～をずっと考えてきました。

111 I can't think of ～.
　　～が思い出せ／付きません。

112 I don't think ～.
　　～とは思いません。

113 I never thought ～.
　　～は思っ／考えてもみませんでした。

114 Do you think ～?
　　～と思いますか?

115 What do you think of ～?
　　～についてどう思いますか?

I think I like 〜.

〜がいい／自分に合っていると思います。

自分の好みを述べるI like 〜.の前にI thinkを置くことで、控えめな感じに相手に伝えるパターンです。
I guess I like 〜.も同じ意味です。

Example

A	How do you like the jacket? ジャケットはいかがですか？
B	I think I like the way it fits. フィット感がいいと思います。
A	It looks really nice on you. とてもお似合ですよ。
B	Thanks. How much is it? ありがとう。いくらですか？

1. 彼のアイデアがいいと思います。
I think I like his idea.

2. フュージョンジャズがいいと思います。
I think I like fusion jazz.

3. テニスを教えるのが自分に合ってると思います。
I think I like teaching tennis.

4. それがいいと思います。
I think I like that one.

5. ここで仕事するのが自分に合ってると思います。
I think I like working here.

6. フィット感がいいと思います。
I think I like the way it fits.

7. 長い方がいいと思います。
I think I like it better long.

8. コンバーチブルカーが自分に合ってると思います。
I think I like convertible cars.

9. これをするのがいいと思います。
I think I like doing this.

10. 新しい講師のマークがいいと思います。
I think I like Mark, a new instructor.

＊8. コンバーチブルカー（屋根を開閉できる車）convertible car　10. 講師　instructor

MP3 107 I think you should 〜.
〜した方がいいと思います。

助言や提案の表現、You should 〜.（〜した方がいい）は、上から目線の印象を相手に与えることがあります。それを避けるため、前にI thinkを付けることで、トーンを和らげたパターンです。

Example

A I need to make a dessert for our picnic.　ピクニックに持っていくデザートを作らなくちゃ。
B Do you know what you're going to make?　何を作るか決めてる？
A No, not yet.　いえ、まだ。
B I think you should make some brownies.　ブラウニーを作った方がいいと思うよ。

1. ここに署名した方がいいと思います。
I think you should sign here.

2. 近道した方がいいと思います。
I think you should take a shortcut.

3. 新しい職を探した方がいいと思います。
I think you should look for a new job.

4. もっと分別があった方がいいと思います。
I think you should know better.

5. クーポンを使った方がいいと思います。
I think you should use coupons.

6. ブラウニーを作った方がいいと思います。
I think you should make some brownies.

7. セラピストに相談した方がいいと思います。
I think you should consult a therapist.

8. 延長を求めた方がいいと思います。
I think you should ask for an extension.

9. 何台か他の車に試乗した方がいいと思います。
I think you should test-drive a few different cars.

10. それをとても短くした方がいいと思います。
I think you should have it really short.

＊2. 近道する　take a shortcut　4. 分別がある　know better　7. セラピスト　therapist
　9. 〜に試乗する　test-drive

I think we need to 〜.
〜する必要があると思います。

need to 〜（〜する必要がある）はshouldよりも、相手に対し行動を強制する響きがあります。その前にI thinkを置きトーンを和らげつつも、行動の必要性を相手に伝えるパターンです。

A I think we need to get a new oven.　新しいオーブンを買う必要があると思う。
B Why?　どうして？
A Ours is broken.　うちのが壊れたの。
B Let me take a look at it. Maybe I can fix it.　ちょっと見せてくれる。たぶん直せるよ。

*take a look at 〜　〜をちょっと見る

1. 交渉する必要があると思います。
   I think we need to negotiate.

2. 古いコンピューターをアップグレードする必要があると思います。
   I think we need to upgrade the old computer.

3. 正面玄関の暗証番号を変える必要があると思います。
   I think we need to change our password on the front door.

4. 新しいオーブンを買う必要があると思います。
   I think we need to get a new oven.

5. ピクニックを中止する必要があると思います。
   I think we need to cancel the picnic.

6. あなたの仕事を見直す必要があると思います。
   I think we need to review your work.

7. 長椅子を取り替える必要があると思います。
   I think we need to replace our couch.

8. 新しい秘書を雇う必要があると思います。
   I think we need to hire a new secretary.

9. 要点を明確に把握する必要があると思います。
   I think we need to grasp the point clearly.

10. 窓をきれいにする必要があると思います。
    I think we need to clean the windows.

*1. 交渉する　negotiate　5. 〜を中止する　cancel　7. 長椅子　couch／〜を取り替える　replace
9. 〜を把握する　grasp

I'm thinking about 〜.

〜（すること）を考えています。

まだ実行してはいないものの、話者が頭の中であれこれ考えている計画を話したり、悩みを打ち明けたりするときに使います。aboutの後には多くの場合、動名詞が来ます。

Example

A Sarah has cheated on Mike.　サラがマイクを裏切って浮気してるの。
B Does he know that?　マイクは知ってるの？
A Maybe not. I'm thinking about telling him.　たぶん知らない。彼に伝えようか考えているの。
B I wouldn't get involved.　僕は関わり合わないから。

＊cheat on 〜　〜を裏切って浮気する／get involved　関わり合う

1. 牧場経営を考えています。
   I'm thinking about running a ranch.

2. 禁煙を考えています。
   I'm thinking about quitting smoking.

3. マラソンのトレーニングを考えています。
   I'm thinking about training for a marathon.

4. 彼に伝えることを考えています。
   I'm thinking about telling him.

5. 子どもを作ることを考えています。
   I'm thinking about starting a family.

6. 髪を染めることを考えています。
   I'm thinking about dying my hair.

7. 資産の売却を考えています。
   I'm thinking about selling my assets.

8. 会計士を雇うことを考えています。
   I'm thinking about hiring an accountant.

9. 家の掃除を考えています。
   I'm thinking about cleaning the house.

10. 自己啓発に取り組むことを考えています。
    I'm thinking about practicing self-development.

＊1. 牧場　ranch／〜を経営する　run　5. 子どもを作る　start a family　7. 資産　asset　8. 会計士　accountant
　　10. 自己啓発　self-development

(MP3 110) I've been thinking of 〜.

〜をずっと考えてきました。

「have been ＋現在分詞」の現在完了進行形は、過去から現在まで、ある行為を続けているときに使います。ですので、このパターンは、以前から考え続けてきたことを話す場合に使います。

Example

A I've been thinking of his suggestion.　彼の提案をずっと考えてきたんだ。

B What are you going to do?　どうするつもり？

A I haven't decided yet. But I'm seriously thinking of leaving my job.　まだ決めてない。でも、仕事を辞めることを真剣に考えている。

B Are you sure that's a good idea?　それがいい考えだと確信してる？

＊suggestion　提案／seriously　真剣に

1. あなたの約束をずっと考えてきました。
   I've been thinking of your promise.

2. 米国への移住をずっと考えてきました。
   I've been thinking of immigrating to the U.S.

3. 事業を立ち上げることをずっと考えてきました。
   I've been thinking of establishing a business.

4. わたしたちの結婚のことをずっと考えてきました。
   I've been thinking of our marriage.

5. 彼の提案をずっと考えてきました。
   I've been thinking of his suggestion.

6. 子どもを作ることをずっと考えてきました。
   I've been thinking of having a baby.

7. 新車の購入をずっと考えてきました。
   I've been thinking of buying a new car.

8. 若かりし頃をずっと考えてきました。
   I've been thinking of my younger years.

9. 断る理由をずっと考えてきました。
   I've been thinking of a reason to say no.

10. 彼の引退のことをずっと考えてきました。
    I've been thinking of his retirement.

＊2. 〜へ移住する　immigrate to 〜　3. 事業を立ち上げる　establish a business　6. 子どもを作る　have a baby

I can't think of ～.

～が思い出せ／付きません。

think of ～は、「～を思い出す」「～を思い付く」という意味ですが、それに I can't を付けると、過去のことを思い出したり、何かを思い付いたりすることができない、と伝えるパターンになります。

Example

A What are you waiting for? 何でさっさと出発しないの？
B I can't think of the best way to go. 一番良い行き方が思い出せないのよ。
A Turn left and head for the highway. 左に曲がって、ハイウエーの方に進むんだよ。
B Oh, that's right. あっ、そうね。

＊head for ～ ～の方に進む

1. その島の名前が思い出せません。
   I can't think of the name of the island.

2. 昨夜どこにいたかが思い出せません。
   I can't think of the place where I was last night.

3. 昼食に食べた料理の名前が思い出せません。
   I can't think of the name of the dish I had for lunch.

4. 彼女の外見が思い出せません。
   I can't think of how she looks.

5. うまい言い訳が思い付きません。
   I can't think of a good excuse.

6. 今その質問が思い出せません。
   I can't think of the question now.

7. そうでない理由が思い付きません。
   I can't think of a reason why not.

8. 一番良い行き方が思い出せません。
   I can't think of the best way to go.

9. その職の候補者が思い付きません。
   I can't think of a candidate for the position.

10. これ以上良いものが思い付きません（＝どう考えてもこれが最高です）。
    I can't think of anything better.

＊9. 候補者 candidate

I don't think 〜.

〜とは思いません。

上から目線を和らげるI think 〜.(〜だと思います)と同様、否定を伝える際、断定的になりすぎないよう、I don't think 〜.で和らげることができます。

Example

A How is it going with your presentation?　発表の準備は進んでる？

B Not too well.　あまり進んでません。

A Is it for the meeting tomorrow?　明日の会議のためじゃない？

B Yes. But I don't think I'll get it done in time.　はい。でも、時間内に仕上げられるとは思いません。

1. あなたが正しいとは思いません。
   I don't think you're right.

2. 彼女がわたしに興味を持つだろうとは思いません。
   I don't think she would be interested in me.

3. 明日、晴れるとは思いません。
   I don't think it's going to be sunny tomorrow.

4. 彼らが親切だとは思いません。
   I don't think they're friendly.

5. 時間があるとは思いません。
   I don't think we'll have time.

6. 今シーズンはあまり良いとは思いません。
   I don't think they're very good this season.

7. これが正しい方法だとは思いません。
   I don't think this is the right way.

8. 時間内にそれを仕上げられるとは思いません。
   I don't think I'll get it done in time.

9. 彼がわたしたちを招待するとは思いません。
   I don't think he's going to invite us.

10. それだけの稼ぎで何とかやっていけるとは思いません。
    I don't think we can stay afloat with only that much income.

＊4. 親切な　friendly　10. それだけの　only that much／何とかやっていく　stay afloat

I never thought 〜.

〜は思っ／考えてもみませんでした。

「一度も〜しない」という強い否定の意味を持つneverを、I thought 〜.（〜だと思いました）に加えることで、想定外だという驚きを表すパターンになります。thoughtの後に節を続ける場合は、時制の一致に注意しましょう。

Part 3　Unit 16　think

Example

A When is Kelly's housewarming party?　ケリーの引っ越し祝いのパーティーはいつだっけ？
B It's tomorrow night.　明日の夜。
A Do we need to take anything?　何か持っていく必要があるかしら？
B I never thought about asking her.　彼女に尋ねることは考えてもみなかったよ。

＊housewarming party　引っ越し祝いのパーティー

1. 彼女とデートするとは考えてもみませんでした。
   I never thought about dating her.

2. その職に就けるとは思ってもみませんでした。
   I never thought I could get the job.

3. これが寺院であろうとは思ってもみませんでした。
   I never thought this would be a temple.

4. サーフィンを習うとは思ってもみませんでした。
   I never thought I'd learn to surf.

5. 彼女に尋ねることは考えてもみませんでした。
   I never thought about asking her.

6. 彼女が帰ってくるとは思ってもみませんでした。
   I never thought she would come back.

7. 戦争で戦うことは考えてもみませんでした。
   I never thought about fighting in a war.

8. 5人の子どもの母親になるとは思ってもみませんでした。
   I never thought I'd be a mom with five kids.

9. 南に迂回することは考えてもみませんでした。
   I never thought about making a detour south.

10. 彼がうちのチームのリーダーになることは思ってもみませんでした。
    I never thought he'd be the leader of my team.

＊4. サーフィンをする　surf　9. 迂回する　make a detour

Do you think 〜?

〜と思いますか？

あることについて確信が持てないとき、相手の意見を尋ねる表現です。Do you think you could pass me my bag?（かばんを取ってもらえますか？）のように、丁寧に頼み事をするときにも使えます。

A How far is it to the valley now?　その渓谷まで、今、どれくらいあるの？
B About 25 miles left to go.　あと25マイルくらい。
A Do you think we should refuel?　燃料を補給すべきだと思う？
B No, we should be OK.　いや、大丈夫だよ。

1. 彼が素晴らしい俳優だと思いますか？
   Do you think he's a good actor**?**

2. わたしたちは正しい道を進んでいると思いますか？
   Do you think we're going the right way**?**

3. 明日またサーフィンに行けると思いますか？
   Do you think we can go surfing again tomorrow**?**

4. 燃料を補給すべきだと思いますか？
   Do you think we should refuel**?**

5. いつかゲームを見に行けると思いますか？
   Do you think we can go to a game sometime**?**

6. 中国が米国を追い越せると思いますか？
   Do you think China can overtake the U.S.**?**

7. 彼女があなたの無実を証明できると思いますか？
   Do you think she can prove your innocence**?**

8. 彼らがお互いに仲直りすると思いますか？
   Do you think they'll make up with each other**?**

9. 今晩、見に行くべきだと思いますか？
   Do you think we should go watch them tonight**?**

10. 朝のうちに出発できると思いますか？
    Do you think we can leave in the morning**?**

＊4. 燃料を補給する　refuel　6. 〜を追い越す　overtake　7. 無実　innocence　8. 〜と仲直りする　make up with 〜

What do you think of ～?
〜についてどう思いますか?

相手の感じ方や評価、あるいは意見を尋ねるパターンで、さまざまな状況で使うことができます。ofの代わりにaboutでもOKです。

A What do you think of the new president?　新しい社長についてどう思う?
B I think he's made a lot of good changes.　彼は良い変化をたくさんもたらしたと思うわ。
A I don't. I think he has made many bad decisions.　僕は違うけど。彼は多くの間違った決断を下したと思う。
B I think we'd better change the subject.　話題を変えた方がよさそうね。

＊change the subject　話題を変える

1. 新しいクラスメイトについてどう思いますか?
   What do you think of your new classmates?

2. 明日、夕食に来ることについてどう思いますか?
   What do you think of coming to dinner tomorrow?

3. 選挙結果についてどう思いますか?
   What do you think of the election results?

4. 彼を除外することについてどう思いますか?
   What do you think of excluding him?

5. 新しい社長についてどう思いますか?
   What do you think of the new president?

6. わたしの新しい髪型についてどう思いますか?
   What do you think of my new hairstyle?

7. 彼女の辞職についてどう思いますか?
   What do you think of her quitting her job?

8. このフレンチレストランについてどう思いますか?
   What do you think of this French restaurant?

9. わたしの新しいラザニアのレシピについてどう思いますか?
   What do you think of my new recipe for lasagna?

10. 寝室に壁紙を張ることについてどう思いますか?
    What do you think of wallpapering the bedroom?

＊4. 〜を除外する　exclude　9. ラザニア　lasagna。パスタ、肉、チーズなどを重ねたイタリア料理。
10. 〜に壁紙を張る　wallpaper

Unit 17

want

自分の望みを伝える動詞と思われがちな want ですが、
Do you want 〜?とするだけで、相手がどうしたいかという話ができます。
さらに、I want you to 〜.とすると相手に「〜してください」と言うことができ、
Do you want me to 〜?とすると自分が「〜しましょうか?」と言うことができます。

116

MP3 116

I want 〜.
~が欲しいです。

「I want to不定詞」は自分がしたいことを伝えますが、「I want＋名詞」は、自分が欲しいものや望んでいることを、相手に伝えるパターンです。

Example

A Your cake was amazing.　君のケーキ、素晴らしかった。
B Thanks. It's pretty easy to make.　ありがとう。とても簡単に作れるのよ。
A I want the recipe.　レシピが欲しいね。
B I'll send it to you.　メールで送るわ。

1. ストライプのシャツが欲しいです。
   I want a striped shirt.

2. 水が一口欲しいです。
   I want a sip of water.

3. もう一度それをやる機会が欲しいです。
   I want another chance to do it.

4. かわいい子猫が欲しいです。
   I want a cute kitten.

5. レシピが欲しいです。
   I want the recipe.

6. 称賛の一言が欲しいです。
   I want a word of praise.

7. 青いのが欲しいです。
   I want the blue one.

8. 甘いお菓子が一袋欲しいです。
   I want a package of sweets.

9. 誕生日プレゼントにタブレットPCが欲しいです。
   I want a tablet PC for my birthday.

10. 彼のお別れのキスが欲しいです。
    I want a goodbye kiss from him.

＊1. ストライプの　striped　2. 一口の〜　a sip of 〜　6. 称賛の一言　a word of praise

Part 3　Unit 17　want

I want you to 〜.
〜してほしいです。

I want you to 〜.は、直訳すると「わたしはあなたが〜してくれることを望む」ですが、「〜してほしいです」という意味になります。相手にストレートに依頼するときに使うパターンです。

Example

A I want you to start working out.　運動を始めてほしいんだけど。
B What do you mean?　どういうこと？
A I think you've gained a little weight.　体重がちょっと増えたみたいだから。
B I can't believe you'd say that!　あなたがそんなこと言うなんて、信じられない！

1. お酒をやめてほしいです。
I want you to quit drinking.

2. 彼を静かにさせておいてほしいです。
I want you to keep him quiet.

3. わたしに正直に言ってほしいです。
I want you to be honest with me.

4. キスしてほしいです。
I want you to kiss me.

5. 立ち寄ってほしいです。
I want you to come over.

6. くつろいでほしいです。
I want you to feel at home.

7. 運動を始めてほしいです。
I want you to start working out.

8. もっと幸せになってほしいです。
I want you to be happier.

9. 自分自身を信じるようになってほしいです。
I want you to start believing in yourself.

10. ジャケットを脱いでほしいです。
I want you to take your jacket off.

＊3. 〜に正直に言う　be honest with 〜　5. (家に)立ち寄る　come over　6. くつろぐ　feel at home
10. 〜を脱ぐ　take 〜 off

I just wanted to 〜.

〜したかっただけです。

自分の行動に対し、相手が予想外の反応をしたり、想定外の事態を招いてしまったときなどに、当初の意図を説明するパターンです。

Example

A You didn't win the marathon then.　それで、マラソンには勝たなかったんだよね。
B No. But I just wanted to finish it.　うん。でも、完走したかっただけなんだ。
A Good for you.　よくできたね。
B Yes, I'm satisfied.　うん、満足してるよ。

1. あなたを手伝いたかっただけです。
   I just wanted to help you.

2. 彼らが勝つのを見たかっただけです。
   I just wanted to see them win.

3. あなたの考えを知りたかっただけです。
   I just wanted to know what you thought.

4. 立ち去りたかっただけです。
   I just wanted to move away.

5. それを終えたかっただけです。
   I just wanted to finish it.

6. 彼女に幸運をと伝えたかっただけです。
   I just wanted to wish her good luck.

7. お金を稼ぎたかっただけです。
   I just wanted to make some money.

8. ちょっと伝えたいことがあっただけです。
   I just wanted to tell you something.

9. あなたがどうしてるか知りたかっただけです。
   I just wanted to see how you're doing.

10. 上司の機嫌を取りたかっただけです。
    I just wanted to get on the good side of my boss.

＊4. 立ち去る　move away　10. 〜の機嫌を取る　get on the good side of 〜

The last thing I want to do is 〜.

〜だけはしたくありません。

直訳すると「わたしが一番最後にしたいことは〜だ」。「一番最後にしたい」ということは、できる限りしたくないという意味であり、「〜だけはしたくありません」ということになります。to不定詞や、そこからtoが省略された動詞が続きます。

Example

A How's your job going?　仕事は順調？
B It's not too exciting.　あまり面白くないね。
A Why don't you look for a new one?　新しい仕事を探したらどう。
B The last thing I want to do is look for a new job.　新しい仕事を探すことだけはしたくないよ。

1. 降参だけはしたくありません。
   The last thing I want to do is to give in.

2. あなたを傷つけることだけはしたくありません。
   The last thing I want to do is to hurt you.

3. 雨の中を走ることだけはしたくありません。
   The last thing I want to do is run in the rain.

4. 嘘をつくことだけはしたくありません。
   The last thing I want to do is tell a lie.

5. 運動だけはしたくありません。
   The last thing I want to do is to work out.

6. 彼らの負けをまた見ることだけはしたくありません。
   The last thing I want to do is watch them lose again.

7. 太ることだけはしたくありません。
   The last thing I want to do is gain weight.

8. 時間外勤務だけはしたくありません。
   The last thing I want to do is work overtime.

9. 侮辱を受けることだけはしたくありません。
   The last thing I want to do is to be humiliated.

10. 新しい仕事を探すことだけはしたくありません。
    The last thing I want to do is look for a new job.

＊1. 降参する　give in　4. 嘘をつく　tell a lie　8. 時間外勤務をする　work overtime　9. 侮辱を受ける　be humiliated

Do you want 〜?

〜を召し上がり／になさいますか?

レストランで注文をとったり、洋服店で好みの服を尋ねたりするときなど、相手が何を好み、何を欲しがっているか知りたいときに使うパターンです。接客の場面で多用されます。

Example

A I really liked this chocolate cake.　このチョコレートケーキ、本当においしかったです。

B I'm glad to hear that. Do you want another piece?　それはよかったです。もう一切れ召し上がりますか?

A No, thank you. I'm full.　いいえ、結構です。お腹がいっぱいなので。

B OK, then take this home with you.　分かりました。では、こちらはお持ち帰りください。

1. コーヒーを1杯召し上がりますか?
   Do you want a cup of coffee?

2. 黒ビールになさいますか、それともラガービールになさいますか?
   Do you want a stout or a lager?

3. 新しいカーテンをお求めですか?
   Do you want some new curtains?

4. コーンブレッドを召し上がりますか?
   Do you want corn bread?

5. もう一切れ召し上がりますか?
   Do you want another piece?

6. トーストを1枚召し上がりますか?
   Do you want a slice of toast?

7. スープを一皿召し上がりますか?
   Do you want a bowl of soup?

8. もっと明るい色になさいますか?
   Do you want a brighter color?

9. メインの料理は魚になさいますか?
   Do you want the fish for your main course?

10. スモークサーモンを何切れか召し上がりますか?
    Do you want some slices of smoked salmon?

＊2. 黒ビール　stout／ラガービール　lager　6. 〜1枚　a slice of 〜　7. 〜一皿　a bowl of 〜
9. メインの料理　main course　10. スモークサーモン　smoked salmon

Do you want me to ～?
～しましょうか？

このパターンのto不定詞の主語はme、つまり「わたし」です。相手が自分に対して何をしてほしいのかを尋ねたり、提案したりするときに使います。

Example

A Do you want me to pick up some milk?　牛乳を買ってこようか？
B That would be helpful.　それは助かるわ。
A Do we need one or two liters?　1リットル、それとも2リットル必要？
B Get two, please.　2リットルお願い。

＊pick up ～　～を買う

1. その日程を変更しましょうか？
   Do you want me to reschedule it?

2. この周辺までお連れしましょうか？
   Do you want me to take you to this area?

3. 食料品店に立ち寄りましょうか？
   Do you want me to stop at the grocery store?

4. この箱を上の階まで運びましょうか？
   Do you want me to carry this box upstairs?

5. 慰めましょうか？
   Do you want me to console you?

6. 第20課を飛ばしましょうか？
   Do you want me to skip Lesson 20?

7. いつもより早く来ましょうか？
   Do you want me to come earlier than usual?

8. 牛乳を買ってきましょうか？
   Do you want me to pick up some milk?

9. このズボンを買ってあげましょうか？
   Do you want me to buy you these pants?

10. しばらくの間それに取り組みましょうか？
    Do you want me to work on it for a while?

＊5. ～を慰める　console　10. しばらくの間　for a while／～に取り組む　work on ～

122

 # What do you want to ～?

何を～したいですか？

相手のしたいことが何かを尋ねるパターンです。昼食に何が食べたいか、これから何を話したいか、将来何になりたいかなど、幅広い状況で使うことができます。

Example

A I think this zoo is really big.　この動物園、本当に大きいと思う。
B Right. What do you want to see?　そうね。何を見たい？
A I'd like to see the bears first.　まずは熊を見たいな。
B OK. They're right over here.　分かった。熊はまさにここよ。

＊right over here　まさにここに

1. 何を手に入れたいですか？
   What do you want to get?

2. 大きくなったら何になりたいですか？
   What do you want to be when you grow up?

3. 感謝祭には何をしたいですか？
   What do you want to do on Thanksgiving Day?

4. 何を見たいですか？
   What do you want to see?

5. 何を聞きたいですか？
   What do you want to listen to?

6. 何を話したいですか？
   What do you want to tell me?

7. 気分転換に何をしたいですか？
   What do you want to do for a change?

8. 彼について何を知りたいですか？
   What do you want to know about him?

9. スピーチで何を話したいですか？
   What do you want to say in the speech?

10. 両親に何を買ってあげたいですか？
    What do you want to buy for your parents?

＊3. 感謝祭　Thanksgiving Day。米国では11月の第4木曜日　7. 気分転換に　for a change

Part 3　Unit 17　want

159

Unit 18

know

knowを使ったパターンは、I know 〜. よりも I don't know 〜.、または、Do you know 〜? の形で多用されます。自分が知らないことを相手に伝えたり、尋ねたりするときに特に役立つパターンが多いので、日常会話はもちろん、海外旅行での会話にも必須です。

I don't know if ～.

～なのかどうか分かりません。

I don't know ～（～は分かりません）と if（～なのかどうか）とで、確信が持てないことを表すパターンです。物事の真偽や、状況や出来事などの今後の進展が分からないときなどに使います。

Example

A Are you friends with Ryan?　ライアンと親しいの？
B Yes, we're good friends.　ああ、僕らはいい友達だよ。
A Does he like me?　彼はわたしのこと好きかしら？
B I don't know if he likes you.　彼が君を好きかどうか分からないよ。

＊be friends with ～　～と親しい

1. 彼らがそれをここで売っているかどうか分かりません。
   I **don't know if** they sell it here.

2. あなたが立派な料理人になれるかどうか分かりません。
   I **don't know if** you can be a good chef.

3. そのプロジェクトを期日通りにやり遂げられるかどうか分かりません。
   I **don't know if** we'll get the project done on time.

4. 彼があなたを好きかどうか分かりません。
   I **don't know if** he likes you.

5. 彼女があなたを信じているかどうか分かりません。
   I **don't know if** she believes you.

6. 彼らが頑張り続けられるかどうか分かりません。
   I **don't know if** they can hang on.

7. パーティーに出席できるかどうか分かりません。
   I **don't know if** I can make it to the party.

8. パトリックが財務に向いているかどうか分かりません。
   I **don't know if** Patrick is cut out for finance.

9. あなたに的確な質問をしたのかどうか分かりません。
   I **don't know if** I asked you the right question.

10. このブラウスがわたしに似合うかどうか分かりません。
    I **don't know if** this blouse looks good on me.

＊2. 料理人　chef　6. 頑張り続ける　hang on　8. ～に向いている　be cut out for ～　10. ～に似合う　look good on ～

🎵 I don't know why 〜.

なぜ〜のか分かりません。

I don't know whyは「理由が分からない」という意味で、単独でも使われますが、「主語＋動詞」を続けていくことで、何の理由が分からないのかを相手に伝えます。状況によっては、自分は納得できないという批判を表明するパターンにもなります。

Example

A I heard Mike is moving out.　マイクが引っ越すって聞いたわ。

B How come? He just moved here two months ago.　どうして？　2カ月前、ここに引っ越してきたばかりじゃない。

A I don't know why he's moving.　なぜ引っ越すのか分からないわ。

B I think we need to talk to him.　彼と話してみる必要があると思うね。

1. なぜ彼女が泣いているのか分かりません。
   I don't know why she's crying.

2. なぜあなたが1日中家にいるのか分かりません。
   I don't know why you stay home all day.

3. なぜあなたがパーティーに行きたがることがないのか分かりません。
   I don't know why you never want to go to a party.

4. なぜ彼が反対したのか分かりません。
   I don't know why he said no.

5. なぜ彼が引っ越すのか分かりません。
   I don't know why he's moving.

6. なぜ彼が仕事を辞めたのか分かりません。
   I don't know why he quit his job.

7. なぜあなたがわたしに尋ねるのか分かりません。
   I don't know why you're asking me.

8. なぜ彼がノートパソコンを買おうとしないのか分かりません。
   I don't know why he won't buy a laptop.

9. なぜ明かりがつかないのか分かりません。
   I don't know why the light won't turn on.

10. なぜあなたがその知らせに興奮するのか分かりません。
    I don't know why you're excited at the news.

＊2. 1日中　all day　4. 反対する　say no　6. 仕事を辞める　quit one's job　10. 〜に興奮する　be excited at 〜

125

 I don't know how ～.

どうやって～するのか分かりません。

I don't knowの後に疑問詞が来るパターンは、基本的にその疑問詞以下のことが分からないという意味ですが、加えて非難や驚きも表現することがあります。

Example

A How long have Brian and Janice been dating?　ブライアンとジャニスはどれくらい付き合ってる？

B They've been together for four years.　4年間一緒よ。

A I don't know how they've lasted so long.　どうやってそんなに長く続いているのか分からないね。

B Yeah. I always see them quarreling.　そうね。いつもけんかしているのを見てるから。

＊last　長く続く

1. どうやってローラーブレードをするのか分かりません。
I **don't know how** to rollerblade.

2. この地図をどうやって読むのか分かりません。
I **don't know how** to read this map.

3. 飲んだ後どうやって帰宅したのか分かりません。
I **don't know how** I came home after drinking.

4. どうやって楽器を演奏するのか分かりません。
I **don't know how** to play any instruments.

5. どうやってエンジンをかけるのか分かりません。
I **don't know how** to start the engine.

6. 彼がどうやって彼女を納得させたのか分かりません。
I **don't know how** he convinced her.

7. どうやってライフルを組み立てるのか分かりません。
I **don't know how** to assemble a rifle.

8. 彼らがどうやってそんなに長く続いているのか分かりません。
I **don't know how** they've lasted so long.

9. 5番街までどうやって行くのか分かりません。
I **don't know how** to get to Fifth Avenue.

10. どうやって輪転機を使うのか分かりません。
I **don't know how** to use a rotary press.

＊5. エンジンをかける　start the engine　7. ～を組み立てる　assemble　10. 輪転機　rotary press

You don't know how 〜.

どれほど〜か分からないでしょう。

相手が知らないことを指摘する以外に、否定の形で「あなた（一般の人）には分からないほど〜だ」と程度を強調する場合にも使われます。howの後には形容詞または副詞が続きます。

Example

A I don't know what you see in John. ジョンのどこがいいのか分からないな。

B You don't know how nice he is. 彼がどれほどすてきなのか分からないでしょ。

A Obviously not. 全然ね。

B He's the nicest person I know. 彼はわたしが知っている一番すてきな人よ。

＊see 〜 in ... …の〜（魅力など）を見い出す

1. あなたは自分がどれほど愛らしいか分からないでしょう。
   You don't know how lovely you are.

2. わたしがどれほど愛しているか分からないでしょう。
   You don't know how much I love you.

3. その男性がどれほど勇敢だったのか分からないでしょう。
   You don't know how brave the guy was.

4. 彼がどれほどすてきなのか分からないでしょう。
   You don't know how nice he is.

5. わたしがどれほど強いか分からないでしょう。
   You don't know how strong I am.

6. 彼女がどれほど賢いか分からないでしょう。
   You don't know how clever she is.

7. あなたは自分がどれほど幸運か分からないでしょう。
   You don't know how lucky you are.

8. 彼がどれほど聡明か分からないでしょう。
   You don't know how intelligent he is.

9. アンダーソンさんがどれほど優しいか分からないでしょう。
   You don't know how gentle Mr. Anderson is.

10. それがわたしにとってどれだけ重要か分からないでしょう。
    You don't know how important it is to me.

＊1. 愛らしい lovely 3. 勇敢な brave 8. 聡明な intelligent 9. 優しい gentle

Do you know how ～?

MP3 127

どうやって～するか分かりますか？

howは方法を尋ねる疑問詞です。Do you know how ～?は、howの前にDo you knowが付いた間接疑問文のため、「how＋主語＋動詞」の順になります。

Example

A Do you know how to play chess?　どうやってチェスをするか分かる？
B No. It's complicated, isn't it?　いいえ。ややこしいんでしょ？
A No. Do you want me to teach you?　いや。教えようか？
B Sure, I'd love you to.　ええ、ぜひ教えてもらいたいわ。

1. どうやって泳ぐか分かりますか？
   Do you know how to swim?

2. どうやって車を運転するか分かりますか？
   Do you know how to drive a car?

3. どうやってドイツ語を話すか分かりますか？
   Do you know how to speak German?

4. どうやってチェスをするか分かりますか？
   Do you know how to play chess?

5. どうやってロボットが歩くか分かりますか？
   Do you know how a robot walks?

6. どうやってピアノを調律するか分かりますか？
   Do you know how to tune a piano?

7. どうやって牛が食べ物を消化するか分かりますか？
   Do you know how cows digest food?

8. どうやって視覚イメージを作るか分かりますか？
   Do you know how to create visual images?

9. どうやってタービンがエネルギーを発生させるか分かりますか？
   Do you know how turbines generate energy?

10. スミスさんがどうやって政治に足を踏み入れたか分かりますか？
    Do you know how Ms. Smith has stepped into politics?

＊6. ～を調律する　tune　7. ～を消化する　digest
　9. タービン　turbine。流水・蒸気・ガスの力で回転する原動機。／～を発生させる　generate
　10. ～に足を踏み入れる　step into ～

Do you know what 〜？

MP3 128

〜が何か分かり／知っていますか？

前のパターン同様、whatの前にDo you know 〜？（〜が分かり／を知ってますか？）を付けた間接疑問文です。what以下のことについて、相手が知っている情報を尋ねます。

Example

A Do you know what he does?　彼の仕事が何か知ってる？
B I think he's a math teacher.　数学の先生だと思うけど。
A Right. But he used to be a pilot.　当たり。でも、パイロットだったんだよ。
B How versatile he is!　本当に多才なのね！

＊多才な　versatile

1. わたしが買いたいものが何か分かりますか？
   Do you know what I want to buy**?**

2. あなたが逃したものが何か分かりますか？
   Do you know what you're missing**?**

3. 彼が考えていることが何か分かりますか？
   Do you know what he has in mind**?**

4. 彼の仕事が何か知っていますか？
   Do you know what he does**?**

5. わたしたちに必要なものが何か分かりますか？
   Do you know what we need**?**

6. コアラの好きなものが何か知っていますか？
   Do you know what koalas like**?**

7. 彼女の名前が何か知っていますか？
   Do you know what her name is**?**

8. デビッドの遺言に書かれていることが何か知っていますか？
   Do you know what is in David's will**?**

9. その映画の内容が何だか知っていますか？
   Do you know what the movie is about**?**

10. あなたのお母さんがあなたに頼んだことが何か分かりますか？
   Do you know what your mom asked you**?**

＊2. 〜を逃す　miss　3. 考えている　have in mind　8. 遺言　will

Unit 19

need

誰もが知っている動詞 need ですが、
意外なほど日常会話で使いこなすのが難しい単語です。
「〜が必要です」に加えて、「〜する必要があります」
「〜してもらう必要があります」と言うときにも使える表現です。
似た意味の want よりも、やや強い語感になります。
ニュアンスの違いを会話例とパターンとを通して確認してみましょう。

129 I need 〜.
　　〜が必要です。

130 I need to 〜.
　　〜する必要があります。

131 I need you to 〜.
　　〜してもらう必要があります。

132 You don't need to 〜.
　　〜する必要はありません。

133 All I need is 〜.
　　必要なのは〜だけです。

^{MP3}₁₂₉ I need ～.

～が必要です。

不可欠なものや、切に望むものを伝えるときに使うパターンです。下記の例文以外にも、I need your signature.（あなたの署名が必要です）など、決まり文句として多用される表現があります。

Example

A What are you shopping for?　何を買うつもり？
B I need a gift.　贈り物が必要なの。
A What kind of gift?　どういう種類の贈り物？
B A cute toy for my little sister.　妹にあげるかわいいおもちゃよ。

＊gift　贈り物

1. 休憩が必要です。
  I need a break.

2. 何人かの友人が必要です。
  I need a few friends.

3. 腕利きの編集者が何人か必要です。
  I need some skillful editors.

4. 贈り物が必要です。
  I need a gift.

5. 飲み物が必要です。
  I need a drink.

6. 固定給（定職）が必要です。
  I need regular pay.

7. 銀行ローンが必要です。
  I need a bank loan.

8. リードボーカルが必要です。
  I need a lead singer.

9. 助けが必要です。
  I need some help.

10. もっと化粧が必要です。
  I need more makeup.

＊3. 腕利きの　skillful　6. 固定給　regular pay　10. 化粧　makeup

130

I need to ～.
～する必要があります。

何かを「する」必要があるときは、needの次にto不定詞が来ます。前ページのI need ～.は、ある「もの」が必要なのに対し、I need to ～.は、ある「行為」を必要とします。

Example

A I need to make a doctor's appointment.　医者の予約をする必要があります。
B Why? What's wrong?　どうして？　何があったんですか？
A My stomach has been really upset recently.　最近ひどく胃が不調で。
B I hope it's nothing serious.　大したことないといいですね。

＊upset （胃が）不調の

1. 一言お伝えする必要があります。
   I **need to** tell you something.

2. 自分の子どもを見守る必要があります。
   I **need to** keep my eyes on my baby.

3. 食事を減らして、もっと運動する必要があります。
   I **need to** eat less and exercise more.

4. 彼の原稿を校正する必要があります。
   I **need to** proofread his draft.

5. それにいくつか追加する必要があります。
   I **need to** add a few things to it.

6. 医者の予約をする必要があります。
   I **need to** make a doctor's appointment.

7. 銀行小切手を手に入れる必要があります。
   I **need to** get a bank check.

8. 鶏肉を買うため店に立ち寄る必要があります。
   I **need to** drop by the store for a chicken.

9. ドイツ語の授業を受ける必要があります。
   I **need to** take German classes.

10. これを別のものに替える必要があります。
    I **need to** change this for a different one.

＊2. ～を見守る　keep one's eyes on ～　4. ～を校正する　proofread　7. 銀行小切手　bank check

Part 3

Unit 19　need

(MP3 131) I need you to ～.
～してもらう必要があります。

相手にあることをしてくれるよう直接的に要求するときに使えます。117で学んだI want you to ～.（～してほしいです）のパターンよりも、やや強制のニュアンスがある表現です。

Example

A I need you to help me out.　手伝ってもらう必要があるわ。
B With what?　何を？
A My car battery seems to be dead.　車のバッテリーが上がっちゃったみたい。
B Don't worry. I love working on cars.　心配しないで。車を修理するのは好きなんだ。

*help ～ out　～を手伝う

1. わたしの息子のために祈ってもらう必要があります。
   I need you to pray for my son.

2. 報告書を仕上げてもらう必要があります。
   I need you to finish the report.

3. 今週末、仕事をしてもらう必要があります。
   I need you to work this weekend.

4. ここに署名をしてもらう必要があります。
   I need you to sign here.

5. もっと早く仕事をしてもらう必要があります。
   I need you to work faster.

6. 手伝ってもらう必要があります。
   I need you to help me out.

7. わたしの妻を説得してもらう必要があります。
   I need you to persuade my wife.

8. 車を洗ってもらう必要があります。
   I need you to wash the car.

9. もっと詳しく説明してもらう必要があります。
   I need you to give me more details.

10. 契約書を二重チェックしてもらう必要があります。
    I need you to double-check our contract.

*1. ～のために祈る　pray for ～　7. ～を説得する　persuade　9. ～に詳しく説明する　give ～ details
10. ～を二重チェックする　double-check

You don't need to 〜.

〜する必要はありません。

You don't need to 〜.は、ある行動をする必要がないと告げるパターンです。相手を安心させたり負担を軽くしたり、時には行動を阻むために使うこともあります。

Example

A I'm sending an email to our counterpart in Toronto.　トロントの担当者にメールを送るところだよ。

B You don't need to work on that project anymore.　これ以上そのプロジェクトに取り組む必要はないわ。

A Why not?　どうして？

B Didn't you hear? The project was cancelled today.　聞いていないの？　そのプロジェクト、今日取りやめになったの。

---

1. その問題の処理をする必要はありません。
You don't need to settle the affair.

2. わたしの許可を求める必要はありません。
You don't need to ask for my permission.

3. 日曜日に働く必要はありません。
You don't need to work on Sunday.

4. わたしを待つ必要はありません。
You don't need to wait for me.

5. あわてる必要はありません。
You don't need to be in a hurry.

6. 被告人を弁護する必要はありません。
You don't need to defend the accused.

7. いつも神経を高ぶらせている必要はありません。
You don't need to be on edge all the time.

8. 困難に苦しむ必要はありません。
You don't need to suffer from any hardships.

9. これ以上そのプロジェクトに取り組む必要はありません。
You don't need to work on that project anymore.

10. 卒業証書の写しを提出する必要はありません。
You don't need to hand in a copy of your diploma.

＊ 1. 〜を処理する　settle　5. あわてた　in a hurry　6. 被告人　the accused／〜を弁護する　defend
7. 神経を高ぶらせている　be on edge　8. 困難　hardship／〜に苦しむ　suffer from 〜　10. 卒業証書　diploma

All I need is 〜.

MP3 133

必要なのは〜だけです。

このパターンは、All I need isの次に来る言葉を強調します。直訳すると「わたしが必要とする全ては〜です」で、それ以外は必要ない、つまり「必要なのは〜だけです」となります。

Example

A What are you doing tonight?　今夜何をするつもり？
B I'm working on the report.　報告書に取り組むつもり。
A Will it be finished on time?　期限どおりに終えられる？
B On time? All I need is a miracle.　期限どおり？　必要なのは奇跡だけだよ。

＊miracle　奇跡

1. 必要なのは昇進だけです。
   All I need is a promotion.

2. 必要なのは話し合える友達だけです。
   All I need is a friend to talk to.

3. 必要なのはあなたの励ましだけです。
   All I need is your encouragement.

4. 必要なのは奇跡だけです。
   All I need is a miracle.

5. 必要なのはあなたの証言だけです。
   All I need is your testimony.

6. 必要なのは大きな関心だけです。
   All I need is a lot of attention.

7. 必要なのは自信だけです。
   All I need is some confidence.

8. 必要なのはチャレンジ精神だけです。
   All I need is a challenging spirit.

9. 必要なのは表紙ページを合わせることだけです。
   All I need is to put together the cover page.

10. 必要なのはモールに行くことだけです。
    All I need is to go to the shopping mall.

＊1. 昇進　promotion　3. 励まし　encouragement　5. 証言　testimony　7. 自信　confidence
9. 表紙ページ　cover page

Unit 20

mean

動詞 mean は、「〜を意味する」「〜を意図する」という意味ですが、
Do you mean it? と尋ねた場合は、「本当に?」と確認する
表現であり、What do you mean? は「どういう意味?」と
真意を尋ねる表現になります。
機械的に訳したのでは、きちんと活用できない mean を使った
パターンをマスターしましょう。

134 I didn't mean to 〜.
　　〜するつもりはありませんでした。
135 Do you mean 〜?
　　〜ということですか?
136 What do you mean 〜?
　　〜はどういう意味ですか?

MP3 134 I didn't mean to 〜.

〜するつもりはありませんでした。

自分のしてしまった言動について、特別な意図や悪意はなかったと言って理解を求めるために使うパターンです。つまり、故意ではなかったことを説明する表現です。

Example

A Ouch! What are you doing?　痛い！　何してるの。
B I'm so sorry.　ごめんなさい。
A Why did you do that?　なぜそんなことしたの？
B I didn't mean to hit you.　君をぶつつもりはなかったんだ。

＊ouch　（感嘆詞）痛い

1. あなたに嘘をつくつもりはありませんでした。
   I didn't mean to lie to you.

2. あなたを邪魔するつもりはありませんでした。
   I didn't mean to interrupt you.

3. あなたをトラブルに巻き込むつもりはありませんでした。
   I didn't mean to get you in trouble.

4. あなたをぶつつもりはありませんでした。
   I didn't mean to hit you.

5. 買わなければならないとあなたに言うつもりはありませんでした。
   I didn't mean to say you have to buy.

6. 彼の気分を害するつもりはありませんでした。
   I didn't mean to offend him.

7. 彼女をだますつもりはありませんでした。
   I didn't mean to deceive her.

8. あなたに追突するつもりはありませんでした。
   I didn't mean to rear-end you.

9. あなたを中傷するつもりはありませんでした。
   I didn't mean to run you down.

10. 問題を複雑にするつもりはありませんでした。
    I didn't mean to complicate matters.

＊2. 〜を邪魔する　interrupt　6. 〜の気分を害する　offend　7. 〜をだます　deceive　8. 〜に追突する　rear-end
　9. 〜を中傷する　run 〜 down

Do you mean ～?

～ということですか?

Do you mean ～?は相手の発言の真意を尋ねるパターンです。自分の理解が正しいか確認するときに使います。meanの後には節が続きます。

Example

A　We're still examining other candidates.　わが社はまだ別の候補者を審査中です。

B　Do you mean I didn't get the job?　わたしは採用されなかったということですか?

A　We'll contact you when we've seen everyone.　全員の審査が終わりましたらご連絡いたします。

B　OK. I'll just wait.　承知いたしました。お待ちいたします。

＊get the job　採用される

1. 宝くじに当たったということですか?
   Do you mean you won the lottery?

2. 徹夜したということですか?
   Do you mean you've stayed up all night?

3. それに応募するつもりだということですか?
   Do you mean you're going to apply for it?

4. 彼が破産したということですか?
   Do you mean he went bankrupt?

5. わたしは採用されなかったということですか?
   Do you mean I didn't get the job?

6. わたしと結婚したいということですか?
   Do you mean you want to marry me?

7. 彼らが寄付したということですか?
   Do you mean they made a donation?

8. 買うつもりということですか?
   Do you mean you're buying?

9. 彼女が奨学金をもらったということですか?
   Do you mean she got the scholarship?

10. わたしは週末ずっと働かなければならないということですか?
    Do you mean I have to work all weekend?

＊2. 徹夜する　stay up all night　3. ~に応募する　apply for ~　4. 破産する　go bankrupt
7. 寄付する　make a donation　9. 奨学金　scholarship

MP3 136 What do you mean 〜?

〜はどういう意味ですか？

相手の言葉が理解できないときや、追加の説明が必要なときに使うパターンです。現在の状況を正確に把握するために活用できる表現です。

A This medicine didn't work.　この薬は効果がありませんでした。

B What do you mean it didn't work?　それの効果がなかったとはどういう意味ですか？

A I mean that you're still sick.　あなたが依然として病気だということです。

B What should I do then?　では、どうしたらいいんですか？

1. 彼が昇進に値するとはどういう意味ですか？
   What do you mean he deserves to be promoted**?**

2. それはどういう意味ですか？
   What do you mean by that**?**

3. あなたの家を売りに出すとはどういう意味ですか？
   What do you mean you put your house on the market**?**

4. それの効果がなかったとはどういう意味ですか？
   What do you mean it didn't work**?**

5. ビンセントは経験に乏しいとはどういう意味ですか？
   What do you mean Vincent has little experience**?**

6. 彼が鉄人とはどういう意味ですか？
   What do you mean he's an iron man**?**

7. 彼の計画が絵に描いた餅とはどういう意味ですか？
   What do you mean his plan is pie in the sky**?**

8. ジョンが重鎮とはどういう意味ですか？
   What do you mean John is a heavyweight**?**

9. 価格が不適正とはどういう意味ですか？
   What do you mean the price is improper**?**

10. ブラックマンさんがこっけいだとはどういう意味ですか？
    What do you mean Mr. Blackman is funny**?**

＊ 1. 〜に値する　deserve　3. 〜を売りに出す　put 〜 on the market　7. 絵に描いた餅　pie in the sky
　　8. 重鎮　heavyweight

Unit **21**

mind

動詞mindは「〜を気に掛ける」「〜を嫌に思う」という
意味ですが、I don't mind 〜.やWould you mind 〜?とすると、
それぞれ「〜は／でも構いません」「〜していただけますか」と
ニュアンスが大きく変わります。
文の形によって意味が変わるmindを確認しましょう。

137 Mind 〜.
　　〜に気を付けなさい。
138 I don't mind 〜.
　　〜は／でも構いません。
139 Would you mind 〜?
　　〜していただけますか?
140 Do you mind if I 〜?
　　〜してもいいでしょうか?

Mind ～.

MP3 137

～に気を付けなさい。

相手の発言や行動に対し、注意や警告をする際に使われるパターンです。Watch ～. で言い換えることもできます。

Example

A What's wrong with your face?　あなたの顔、どうしたの？
B It's nothing.　何でもないよ。
A You didn't get beat up, did you?　殴られたんでしょ？
B Don't be stupid. Mind your own business.　ばかなこと言わないで。余計なお世話だよ。

＊get beat up　殴られる

1. 自分の発言に気を付けなさい。
   Mind what you say.

2. 自分自身を傷付けないよう気を付けなさい。
   Mind you don't hurt yourself.

3. 自分自身のことに気を付けなさい（＝余計なお世話だ）。
   Mind your own business.

4. じゃあ気を付けて。
   Mind how you go.

5. かまれないよう気を付けて。
   Mind it doesn't bite you.

6. あの車に気を付けて。
   Mind that car.

7. 視力に気を付けて。
   Mind your eyesight.

8. 評判に気を付けて。
   Mind your reputation.

9. 十分な睡眠を取るよう気を付けて。
   Mind you get enough sleep.

10. お金の使い過ぎに気を付けて。
    Mind you don't spend too much.

＊7. 視力　eyesight　8. 評判　reputation

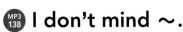

I don't mind 〜.
〜は／でも構いません。

「〜を気にする」という意味の動詞、mindを否定するI don't mind 〜.は、「〜は構いません」という意味になります。相手の言動は気にならないので、自由にしてよいというパターンです。

Example

A Do you want to go for a walk?　散歩に行かない？
B Yeah, but it's awfully cold outside.　うん、だけど外は恐ろしく寒いよ。
A I don't mind cold weather.　寒い天候でも構わないわ。
B OK. Wait a second. I'll get my overcoat.　分かった。ちょっと待って。オーバー持ってくる。

＊overcoat　オーバー

1. 待つのは構いません。
   I don't mind waiting.

2. きついスケジュールでも構いません。
   I don't mind a tight schedule.

3. あなたが何を考えていても構いません。
   I don't mind what you think.

4. 寒い天候でも構いません。
   I don't mind cold weather.

5. 彼らが金持ちでも構いません。
   I don't mind if they're rich.

6. 一生懸命働かなければならなくても構いません。
   I don't mind having to work hard.

7. 車を洗っても構いません。
   I don't mind washing the car.

8. 彼がどんな外見でも構いません。
   I don't mind what he looks like.

9. お金を持っていなくても構いません。
   I don't mind not having any money.

10. あなたがそれを見直しても構いません。
    I don't mind you reviewing it.

Would you mind 〜?

〜していただけますか？

mindの後に動名詞を続けて、相手に丁寧に許可を求めるときに使うパターンです。Would you please 〜?も同じように使えますが、このパターンの方がより丁寧な印象を与えます。

Example

A Would you mind making the coffee?　コーヒーを入れてもらえるかしら？
B I think we're out of coffee beans.　コーヒー豆を切らしていると思うけど。
A No, I bought some this morning.　いいえ、今朝、買ったから。
B All right. I'll make it right now.　分かった。今すぐ入れるよ。

＊right now　今すぐ

1. ここでの喫煙はやめていただけますか？
   Would you mind not smoking in here**?**

2. ここでは靴を脱いでいただけますか？
   Would you mind putting off your shoes here**?**

3. あなたの車を貸していただけますか？
   Would you mind lending me your car**?**

4. シンク台を直していただけますか？
   Would you mind fixing the sink**?**

5. 犬を散歩させていただけますか？
   Would you mind walking the dog**?**

6. それを今日していただけますか？
   Would you mind doing it today**?**

7. 窓を開けていただけますか？
   Would you mind opening the window**?**

8. コーヒーを入れていただけますか？
   Would you mind making the coffee**?**

9. わたしと席を替えていただけますか？
   Would you mind changing seats with me**?**

10. わたしがコンピューターを使う間、ご自分のタブレットを使っていただけますか？
    Would you mind using your tablet while I use the computer**?**

＊5. 〜を散歩させる　walk

Do you mind if I ～?
〜してもいいでしょうか？

相手に許可や了解を求めたり、頼み事をしたりするときに使うパターンです。Would you mind if I ～? と言えばより丁寧になります。139のWould you mind ～?やこのパターンに、「いいですよ」と答えるときの英語は否定形になるので、気を付けましょう。

Example

A This pumpkin pie is so tasty.　このパンプキンパイ、すごくおいしいわね。
B There are a few more pieces left.　あと何切れか残ってるよ。
A Do you mind if I have another?　もう一つ食べてもいいかしら？
B Not at all. Please help yourself.　もちろん。好きなだけ食べて。

＊tasty　おいしい

1. ここに座ってもいいでしょうか？
   Do you mind if I take a seat here**?**

2. ここで横になってもいいでしょうか？
   Do you mind if I lie down here**?**

3. 今日、会社を早退してもいいでしょうか？
   Do you mind if I leave the office early today**?**

4. もう一つ食べてもいいでしょうか？
   Do you mind if I have another**?**

5. それにざっと目を通してもいいでしょうか？
   Do you mind if I look it over**?**

6. これをつけにしてもいいでしょうか？
   Do you mind if I have this on credit**?**

7. 今日は練習を休んでもいいでしょうか？
   Do you mind if I skip practice today**?**

8. カリフォルニアに引っ越してもいいでしょうか？
   Do you mind if I move to California**?**

9. わたしが手伝ってもいいでしょうか？
   Do you mind if I help**?**

10. ここに駐車してもいいでしょうか？
    Do you mind if I park here**?**

＊5. ～にざっと目を通す　look ～ over　6. つけで　on credit

Unit 22

care

名詞careというと、「〜の世話をする」という意味の
take care of 〜ですが、動詞careには
「心配する」「好む」という意味があります。
ですから、I don't care 〜.とすると「〜は気にしない」、
Would you care for 〜?とすると
「〜いかがですか?」という意味になります。
このようにcareはひとかたまりで覚えた方がいい単語です。

141 I don't care 〜.
　　〜は気にしません。
142 He cares about 〜.
　　彼は〜を気に掛け/大事にしています。
143 Would you care for 〜?
　　〜いかがですか?

I don't care 〜.

〜は気にしません。

特に重要だと思わず、関心もなく、そのせいで気分を害することもない、と言う際に使うパターンです。
多用し過ぎると、無神経だとか、大ざっぱな人だと思われるかもしれません。

Example

A Do you know what time it is?　何時だか知ってる？

B I don't care what time it is.　何時かなんて気にしてないわ。

A Don't you have work tomorrow?　明日、仕事があるんじゃない？

B Yeah, don't worry. I'll be OK.　うん、心配しないで。大丈夫だから。

1. 自分がどう見えるかは気にしません。
   I **don't care** what I look like.

2. あなたが誰を好きなのかは気にしません。
   I **don't care** whom you care for.

3. 彼の部屋がどれだけ広いかは気にしません。
   I **don't care** how spacious his room is.

4. いつ始めるかは気にしません。
   I **don't care** when we start.

5. 何時なのかは気にしません。
   I **don't care** what time it is.

6. 何を見るかは気にしません。
   I **don't care** what we watch.

7. 彼女がどこへ行くかは気にしません。
   I **don't care** where she goes.

8. あなたがどんな人なのかは気にしません。
   I **don't care** what you are like.

9. 彼らがどのように成功したかは気にしません。
   I **don't care** how they succeeded.

10. 彼が何を欲しがっているかは気にしません。
    I **don't care** what he wants to have.

＊2. 〜を好きだ　care for 〜　3. 広い　spacious　9. 成功する　succeed

He cares about 〜.

彼は〜を気に掛け／大事にしています。

care aboutの後に人が来ると、大切に思い、配慮しているという意味になります。ものが来ると、関心があり大事にしているという意味になります。

Example

A I think Mr. Smith always looks very nice.　スミスさんはいつもとてもすてきに見えると思う。
B He cares about his appearance, doesn't he?　彼は自分の見掛けを気に掛けているんじゃない?
A Yes, but he sometimes seems to care too much.　うん、でも、時には気を使い過ぎてるみたい。
B Yeah, he never seems to be able to relax.　そうね。彼はリラックスすることが決してできないみたい。

＊appearance　見掛け

1. 彼は自分に何ができるのか気に掛けています。
   He cares about what he can do.

2. 彼はわたしのことをとても気に掛けています。
   He cares about me very much.

3. 彼は天気を気に掛けています。
   He cares about the weather.

4. 彼は自分の車を大事にしています。
   He cares about his car.

5. 彼は自分の将来を気に掛けています。
   He cares about his future.

6. 彼は自分の服装を気に掛けています。
   He cares about his clothes.

7. 彼は自分の健康を気に掛けています。
   He cares about his health.

8. 彼はわたしの気持ちを大事にしています。
   He cares about my feelings.

9. 彼は学生たちを気に掛けています。
   He cares about his students.

10. 彼は自分の見掛けを気に掛けています。
    He cares about his appearance.

＊8. 気持ち　feeling

Would you care for ～?

～いかがですか?

care for ～は「～を好む」という意味で、Would you care for ～?で、相手に丁寧に何かを勧めたり、意向を尋ねたりするパターンです。接客の場面で多用されます。Would you like ～?も同じ意味です。

Example

A Do you want some dessert or a coffee?　デザートかコーヒーを召し上がりますか?
B I'll have a coffee, please.　コーヒーをお願いします。
A OK. Would you care for cream and sugar?　分かりました。クリームと砂糖はいかがですか?
B Just sugar, please.　砂糖だけお願いします。

1. お茶を一杯いかがですか?
   Would you care for a cup of tea?

2. アップルパイはいかがですか?
   Would you care for some apple pie?

3. 夕食にワインはいかがですか?
   Would you care for wine with dinner?

4. オムレツはいかがですか?
   Would you care for an omelet?

5. ベルギーワッフルはいかがですか?
   Would you care for a Belgian waffle?

6. クリームと砂糖はいかがですか?
   Would you care for cream and sugar?

7. 和菓子はいかがですか?
   Would you care for a Japanese dessert?

8. ストロベリーアイスクリームはいかがですか?
   Would you care for strawberry ice cream?

9. ブルーベリースムージーはいかがですか?
   Would you care for a blueberry smoothie?

10. シロップを添えたパンケーキはいかがですか?
    Would you care for some pancakes with syrup?

＊9. スムージー　smoothie　10. シロップ　syrup

Unit 23

feel, look, sound, seem

これらの動詞は、英文法の時間に知覚動詞として習った単語です。
前置詞 like を付けると、「〜のように見える／聞こえる」「〜のようだ」
という意味になります。堅苦しく解釈するよりも、
「〜みたいだ」と解釈する方がはるかに自然です。

144 I feel 〜.
　　〜な感じ／気分です。

145 I don't feel like 〜.
　　〜する気分ではありません。

146 Feel free to 〜.
　　遠慮なく〜してください。

147 Do you feel like 〜?
　　〜したいですか?

148 How do you feel about 〜?
　　〜についてどう思いますか?

149 You look 〜.
　　〜に見えます。

150 You look like 〜.
　　〜のように見えます。

151 It sounds like 〜.
　　〜のようですね。

152 It seems like 〜.
　　〜ようです。

I feel ～.

MP3 144

～な感じ／気分です。

喜怒哀楽、さまざまな感情を伝えるパターンです。また、体調の良しあしも伝えることができます。feel の後には、自分の状態を表現する形容詞が続きます。

Example

A You don't look good. 具合が悪そうね。
B No, I feel a bit rough. うん、ちょっと体調が悪い感じ。
A Do you want me to get you some medicine? 薬を持ってこようか？
B Yes, please. Do we have any aspirin? うん、お願い。アスピリンあるかな。

1. ひどい気分です。
   I feel terrible.

2. あなたと一緒にいると最高の気分です。
   I feel great when I'm with you.

3. 自信に満ちた気分です。
   I feel confident.

4. 悲しい感じです。
   I feel sad.

5. ちょっと体調が悪い感じです。
   I feel a bit rough.

6. もどかしい感じです。
   I feel frustrated.

7. 彼女に申し訳ない感じです。
   I feel sorry for her.

8. あぜんとした感じです。
   I feel dumbfounded.

9. その知らせにわくわくした気分です。
   I feel excited at the news.

10. ここに来られて感動した感じです。
    I feel thrilled to be here.

＊5. 体調が悪い rough 6. もどかしい frustrated 8. あぜんとした dumbfounded 10. 感動した thrilled

🎵 I don't feel like ～.
～する気分ではありません。

何かをしたいという積極的な気持ちが湧かないときに使うパターンです。likeの後にその行為を動名詞にして表現します。何かを食べたり飲んだりしたくないときにも使えます。

A What shall we have for dinner tonight?　今夜、夕食は何を食べる？
B Well, I don't feel like cooking.　そうねえ、料理する気分じゃないの。
A Shall we eat out then?　じゃあ、外食しようか？
B That sounds great.　それがいいわね。

1. 彼と話す気分ではありません。
   I **don't feel like** talking to him.

2. 全部説明せねばという気分ではありません。
   I **don't feel like** having to explain everything.

3. 今日は出勤する気分ではありません。
   I **don't feel like** going to work today.

4. 歌う気分ではありません。
   I **don't feel like** singing.

5. 料理する気分ではありません。
   I **don't feel like** cooking.

6. 笑う気分ではありません。
   I **don't feel like** laughing.

7. 食事する気分ではありません。
   I **don't feel like** having a meal.

8. 教会に行く気分ではありません。
   I **don't feel like** going to church.

9. 洗濯する気分ではありません。
   I **don't feel like** doing the laundry.

10. そのパーティーに行く気分ではありません。
    I **don't feel like** going to the party.

Feel free to 〜.

MP3 146

遠慮なく〜してください。

feel free は「遠慮しない」という意味で、Feel free to 〜.で「遠慮なく〜してください」という意味になります。相手が負担に思わないように、何かを勧めるパターンです。

Example

A Thank you for coming to my party. パーティーに来てくれてありがとう。

B You're welcome. I brought some wine for you. どういたしまして。君にあげようと思ってワインを持ってきたよ。

A Thanks a lot. Feel free to make yourself at home. ありがとう。遠慮なくくつろいで。

B Thank you. I love your house. ありがとう。君の家、すてきだね。

＊make oneself at home くつろぐ

1. 遠慮なく電話してください。
   Feel free to give me a call.

2. 遠慮なく見て回ってください。
   Feel free to take a look around.

3. 望むことは何でも遠慮なく主張してください。
   Feel free to insist on whatever you want.

4. 遠慮なくわたしを批判してください。
   Feel free to criticize me.

5. 遠慮なく室内で写真を撮ってください。
   Feel free to take pictures indoors.

6. 遠慮なくどの本でも読んでください。
   Feel free to read any of the books.

7. 遠慮なくくつろいでください。
   Feel free to make yourself at home.

8. わたしの経歴について、遠慮なくお尋ねください。
   Feel free to ask me about my career.

9. 遠慮なく販促資料を持っていってください。
   Feel free to take the promotional materials.

10. 遠慮なく今夜、夕食に立ち寄ってください。
    Feel free to stop by for dinner tonight.

＊2. 見て回る　take a look around　3. 〜を主張する　insist on 〜　4. 〜を批判する　criticize　5. 室内で　indoors
　9. 販促資料　promotional material

Do you feel like ～?
～したいですか？

feel like ～に動名詞を続けると「～したい気分です」という意味になります。Do you feel like ～?は、相手がしたいことを尋ねたり、自分と一緒に行動しないか提案したりするときに使うパターンです。

Example

A You look pale.　顔色が悪いわよ。
B I feel a little dizzy.　ちょっとフラフラする感じ。
A Do you feel like throwing up?　吐き気がするの？
B No. But I have a killer headache.　いいや。でも、ひどい頭痛がする。

＊killer headache　ひどい頭痛

1. 散歩したいですか？
   Do you feel like taking a walk**?**

2. ハイキングに行きたいですか？
   Do you feel like going for a hike**?**

3. 家に帰りたいですか？
   Do you feel like returning to your home**?**

4. 吐きたいです（吐き気がします）か？
   Do you feel like throwing up**?**

5. 昼寝したいですか？
   Do you feel like taking a nap**?**

6. 席を替えたいですか？
   Do you feel like changing seats**?**

7. 一緒にジョギングしに来たいですか？
   Do you feel like coming jogging with me**?**

8. 観覧車に乗りたいですか？
   Do you feel like riding the Ferris wheel**?**

9. このコーヒーメーカーを買いたいですか？
   Do you feel like buying this coffee maker**?**

10. 友達とのんびり過ごしたいですか？
    Do you feel like hanging out with your friends**?**

＊5. 昼寝する　take a nap　8. 観覧車　Ferris wheel　9. コーヒーメーカー　coffee maker
10. ～とのんびり過ごす　hang out with ～

148

 How do you feel about 〜?

〜についてどう思いますか?

客観的な判断、評価ではなく、主観的な感想や印象、好みなどを尋ねる表現です。How do you feel aboutの後には、名詞または動名詞を続けます。

Example

A I heard you had an interview last week.　先週、面接を受けたと聞いたけど。
B Yes, it was last Thursday.　ええ、先週の木曜日にね。
A How do you feel about it?　それについてどう思う?
B I think it went quite well.　まあまあうまくいったと思うわ。

＊quite well　まあまあよい

1. 彼の絵についてどう思いますか?
   How do you feel about his painting**?**

2. 結婚することについてどう思いますか?
   How do you feel about getting married**?**

3. 彼についてどう思いますか?
   How do you feel about him**?**

4. タイ料理についてどう思いますか?
   How do you feel about Thai food**?**

5. セントラルパークについてどう思いますか?
   How do you feel about Central Park**?**

6. 面接についてどう思いますか?
   How do you feel about the interview**?**

7. あなたの新車についてどう思いますか?
   How do you feel about your new car**?**

8. あなたを手伝うことについてどう思いますか?
   How do you feel about letting me help you**?**

9. 新しいマネジャーについてどう思いますか?
   How do you feel about the new manager**?**

10. 彼と初めて会ったことについてどう思いますか?
    How do you feel about meeting him for the first time**?**

＊2. 結婚する　get married　10. 初めて　for the first time

Part 3　Unit 23　feel, look, sound, seem

149

MP3 149

You look 〜.
〜に見えます。

「look ＋名詞」は「〜を見ます」ですが、「look ＋形容詞」は「〜（な状態）に見えます」になります。You look 〜.は相手の様子や外見的な要素について、主観的な意見を伝えるパターンです。

Example

A You look really happy.　本当に幸せそうに見える。
B I am. Mike asked me to marry him.　幸せよ。マイクが求婚してくれたの。
A Congratulations! That's wonderful.　おめでとう！　素晴らしいわね。
B I know!　そうね！

1. 具合が悪そうに見えます。
You look sick.

2. 素晴らしく見えます
You look great.

3. ひどく疲れているように見えます。
You look exhausted.

4. 冷静に見えます。
You look calm.

5. スタイリッシュに見えます。
You look stylish.

6. ぼうぜんとしているように見えます。
You look stunned.

7. すてきに見えます。
You look amazing.

8. 当惑しているように見えます。
You look confused.

9. 本当に幸せそうに見えます。
You look really happy.

10. 圧倒されているように見えます。
You look overwhelmed.

＊3. ひどく疲れた　exhausted　6. ぼうぜんとした　stunned　8. 当惑した　confused　10. 圧倒された　overwhelmed

150

You look like 〜.
〜のように見えます。

このパターンのlikeは「〜のようで」という意味の前置詞で、look like 〜で「〜のように見えます」という意味になります。相手の外見など、視覚的な印象に言及するときに使えます。

Example

A You look like someone I know.　知っている人のように見えるのですが。
B Are you Mark?　あなた、マークなの？
A Yes, I am.　ええ、そうですが。
B I'm Sarah. We went to Santa Barbara College together.　サラよ。一緒にサンタバーバラ大学に通っていたじゃない。

1. あなたはヒーローのように見えます。
   You look like a hero.

2. エンターテイナーのように見えます。
   You look like an entertainer.

3. 本当に健康を害しているように見えます。
   You look like you're not well actually.

4. 漫画のキャラクターのように見えます。
   You look like a cartoon character.

5. モデルのように見えます。
   You look like a model.

6. 百万長者のように見えます。
   You look like a millionaire.

7. 新しい人のように見えます（＝まるで別人のようです）。
   You look like a new person.

8. 知っている人のように見えます。
   You look like someone I know.

9. 孤独な冒険家のように見えます。
   You look like a lonely adventurer.

10. 暴風雨に降りこめられたように見えます。
    You look like you were caught in a storm.

＊6. 百万長者　millionaire　9. 孤独な　lonely／冒険家　adventurer　10. 暴風雨　storm

Part 3　Unit 23　feel, look, sound, seem

It sounds like 〜.
〜のようですね。

視覚的な印象を伝える look like 〜に対し、sound like 〜は、直接・間接に聞いたことから受けた印象などを伝えるときに使うパターンです。

Example

A They tie the bungee to your ankles and then you jump.　バンジーを足首に結んで飛ぶ。
B It sounds like fun.　楽しそうね。
A It is. It's thrilling.　そう。スリル満点だよ。
B I want to try.　挑戦してみたいわ。

＊bungee　バンジー、太いゴムひも／thrilling　スリル満点の

1. いい考えのようですね。
　It sounds like a good idea.

2. わたしにはそれが必要なようですね。
　It sounds like I need it.

3. 興味深い場所のようですね。
　It sounds like an interesting place.

4. 楽しそうですね。
　It sounds like fun.

5. スリル満点の乗り物のようですね。
　It sounds like a thrilling ride.

6. 素晴らしい時間のようですね。
　It sounds like a fantastic time.

7. 本当に良い取引のようですね。
　It sounds like a really good deal.

8. 不可解な出来事のようですね。
　It sounds like a mysterious happening.

9. 彼はわたしを理解していないようですね。
　It sounds like he doesn't understand me.

10. 彼女は傑出した人のようですね。
　It sounds like she is an outstanding person.

＊5. 乗り物　ride　8. 不可解な　mysterious　10. 傑出した　outstanding

152

 It seems like 〜.

〜ようです。

人や出来事などについて、自分の考えや印象を伝えるパターンです。後ろに節が来るときは、likeの代わりに as if、as though も使えます。

Example

A Do you really think we should buy this car?　本当にこの車を買うべきだと思う？
B Yes, I do. It seems like we can afford it.　うん。予算的に買えそうだし。
A But it's so expensive.　でも、とても高いわ。
B Yes. But we really need a new one.　うん。でも、本当に新車が必要だろ。

1. わたしたちの計画がうまくいっているようです。
   It seems like our plan is working.

2. ジェニファーがわたしを誤解したようです。
   It seems like Jennifer got me wrong.

3. わたしたちは好みが合うようです。
   It seems like we have the same taste.

4. 予算的に買えそうです。
   It seems like we can afford it.

5. 彼らとうまくやっていけそうです。
   It seems like I'll get along well with them.

6. 彼の事業は繁盛しているようです。
   It seems like his business is flourishing.

7. わたしたちはチャンスを逃したようです。
   It seems like we missed our opportunity.

8. あなたが予想していたよりも簡単だったようです。
   It seems like it was easier than you were expecting.

9. わたしたちにはもっと食料が必要なようです。
   It seems like we need more food.

10. 彼女は本気であなたに夢中なようです。
    It seems like she's really into you.

＊2. 〜を誤解する　get 〜 wrong　3. 好みが合う　have the same taste　5. 〜とうまくやっていく　get along well with 〜
　6. 繁盛した　flourishing　10. 本気で〜に夢中である　be really into 〜

Unit **24**

thank, appreciate

このUnitでは、感謝を表す基本動詞を学習します。
誰もが知っているthankを使ったパターンに加え、
謙虚な気持ちを込めて感謝を伝える、
appreciateを使った表現を覚えます。
また、I'll thank you to 〜./I would appreciate if 〜.
(〜してくださるとありがたいです)の、丁寧な依頼のパターンも学びます。

153　Thank you for 〜.
　　　〜を／してくれてありがとう。
154　I'll thank you to 〜.
　　　〜してくださるとありがたいです。
155　I really appreciate 〜.
　　　〜に心から感謝いたします。
156　I would appreciate it if you 〜.
　　　〜してくださるとありがたいです。

153

Thank you for ～.
～を／してくれてありがとう。

Thank you.は相手への感謝を表す言葉ですが、それにfor ～を続けることで、感謝の理由を伝えることができます。よりカジュアルに表現したいときは、Thanks for ～.を使います。

Example

A I'm sorry, but we have to cancel our reservation.　申し訳ないのですが、予約をキャンセルしなければなりません。

B That's fine. I'll do the same in your situation.　いいですよ。あなたの立場だったら、わたしもそうしますから。

A Thank you for understanding.　ご理解ありがとうございます。

B No problem.　どういたしまして。

1. アドバイスをありがとう。
   Thank you for your advice.

2. 今日、参加してくれてありがとう。
   Thank you for joining us today.

3. 子どもたちの世話をしてくれてありがとう。
   Thank you for taking care of my kids.

4. 案内してくれてありがとう。
   Thank you for guiding us.

5. 理解してくれてありがとう。
   Thank you for understanding.

6. おもてなしをありがとう。
   Thank you for your hospitality.

7. プロジェクトへの手助けをありがとう。
   Thank you for your help on the project.

8. 励ましてくれてありがとう。
   Thank you for encouraging me.

9. 同窓会を準備してくれてありがとう。
   Thank you for arranging the class reunion.

10. 防災用品を使わせてくれてありがとう。
    Thank you for letting me use your emergency supplies.

＊3. ～の世話をする　take care of ～　6. もてなし　hospitality　8. ～を励ます　encourage　9. 同窓会　class reunion
10. 防災用品　emergency supplies

Part 3　Unit 24　thank, appreciate

MP3 154 I'll thank you to ～.

～してくださるとありがたいです。

to以下のことを相手がするよう依頼するパターンですが、かなり強く要求する言い方なので、使用には注意が必要です。ただ多くの場合、相手の気に障る言動を控えてもらうよう要求する際に使われます。

Example

A Where were you yesterday?　昨日はどこにいたの？
B Why do you ask?　なぜ聞くの？
A You won't pass the exam if you keep taking days off.　休んでばかりいると試験に合格しないから。
B I'll thank you to worry about your own problems.　わたしのことは放っておいてくれるとありがたいんだけど。

＊take days off　休みを取る

1. 通知を回覧してくださるとありがたいです。
I'll thank you to pass around the notice.

2. 会議中は静かにしてくださるとありがたいです。
I'll thank you to be quiet during the meeting.

3. 意見を言わずにおいてくださるとありがたいです。
I'll thank you to keep your opinion to yourself.

4. 友人の方々に紹介してくださるとありがたいです。
I'll thank you to introduce me to your friends.

5. わたしの指示に従ってくださるとありがたいです。
I'll thank you to follow my directions.

6. 迅速に決定してくださるとありがたいです。
I'll thank you to make a quick decision.

7. 報告書について手短に説明してくださるとありがたいです。
I'll thank you to brief us on your report.

8. あなた自身の問題を心配して（＝わたしのことは放っておいて）くださるとありがたいです。
I'll thank you to worry about your own problems.

9. わたしの板挟みの状態を理解してくださるとありがたいです。
I'll thank you to understand my dilemma.

10. 報告書にそのデータを添付してくださるとありがたいです。
I'll thank you to attach the data to the report.

＊1. 通知　notice／～を回覧する　pass around ～　3. 意見を言わずにおく　keep one's opinion to oneself
　7. ～を手短に説明する　brief　9. 板挟みの状態　dilemma　10. ～を添付する　attach

I really appreciate 〜.

〜に心から感謝いたします。

心から感謝の気持ちを伝えたいときに使うパターンです。フォーマルな状況で、丁寧に感謝を述べたいときに使える表現です。

Example

A I really appreciate your invitation.　ご招待に心から感謝いたします。

B You're welcome. I hope you can make it.　どういたしまして。いらっしゃられることを願っています。

A Thank you. I'll return the invitation someday.　ありがとうございます。いつかこの招待の返礼をいたします。

B I'll look forward to that.　楽しみにしています。

＊invitation　招待

1. 手助けに心から感謝いたします。
   I really appreciate your help.

2. ご意見に心から感謝いたします。
   I really appreciate your opinion.

3. ご配慮に心から感謝いたします。
   I really appreciate your consideration.

4. ご招待に心から感謝いたします。
   I really appreciate your invitation.

5. 友情に心から感謝いたします。
   I really appreciate your friendship.

6. 献身に心から感いたします。
   I really appreciate your dedication.

7. たゆまぬ努力に心から感謝いたします。
   I really appreciate your constant efforts.

8. お時間を割いていただき心から感謝いたします。
   I really appreciate your sparing me some time.

9. これに関心を寄せていただき心から感謝いたします。
   I really appreciate your showing interest in this.

10. 建設的な提案に心から感謝いたします。
    I really appreciate your constructive suggestion.

＊3. 配慮　consideration　5. 友情　friendship　6. 献身　dedication　8. 〜（時間）を割く　spare
10. 建設的な　constructive

I would appreciate it if you ～.

～してくださるとありがたいです。

if節の内容を相手に丁寧に依頼するパターンです。I would appreciate it に続く if節は過去形になり、多くの場合、助動詞 would や could も使われます。

Example

A I would appreciate it if you worked a little faster. もう少し早く仕事をしてくださるとありがたいです。

B I'm sorry, but the meeting ran long. すみません。でも、会議が長引いたんです。

A I understand, but we need to get this done in time. 分かりますが、時間どおりにこれを終える必要があるんです。

B OK. I'll make sure it's finished today. 分かりました。今日、必ず終わらせます。

1. 手伝ってくださるとありがたいです。
   I would appreciate it if you could give me a hand.

2. できるだけ早くお返事をくださるとありがたいです。
   I would appreciate it if you could reply as soon as possible.

3. 公式結果を伝えてくださるとありがたいです。
   I would appreciate it if you gave me the official results.

4. その情報は公開しないでくださるとありがたいです。
   I would appreciate it if you wouldn't disclose the information.

5. もう少し早く仕事をしてくださるとありがたいです。
   I would appreciate it if you worked a little faster.

6. ビールを持ってきてくださるとありがたいです。
   I would appreciate it if you brought some beer.

7. 解決策を考えてくださるとありがたいです。
   I would appreciate it if you thought of solution.

8. 理由を教えてくださるとありがたいです。
   I would appreciate it if you would let me know the reason.

9. ご意見を伝えてくださるとありがたいです。
   I would appreciate it if you would give me your opinion.

10. 何かあったら連絡してくださるとありがたいです。
    I would appreciate it if you would keep me updated.

＊3. 公式結果 official results 4. ～を公開する disclose 10. 何かあったら連絡する keep someone updated

Part 4

何でも尋ねることができる
疑問詞のパターン

疑問詞というと、who（誰が）、when（いつ）、where（どこで）、what（何を）、why（なぜ）、how（どのように）の5W1Hを思い浮かべる人も多いでしょう。疑問詞を使った疑問文を作る際は、語順や動詞の時制に注意が必要です。でも、パターンで覚えれば文法事項をあれこれ考えずに、スマートに相手にさまざまな質問ができるようになります。

Unit 25

What ～?

whatが、「何か」を尋ねるだけの疑問詞だと考えてはいませんか。
whatを使って手段を尋ねることができますし、理由を聞くこともできます。
「～したらどうしよう?」と言うときもwhatを使います。
想像以上に多様な使い方ができるWhat ～?のパターンを学習していきましょう。

What about ～?
～はどうですか?

ある事柄について相手の意見を聞いたり、提案したりするときに使うパターンです。aboutの後ろには名詞か動名詞が来ます。

Example

A I really want a cat, but I'm allergic to them.　すごく猫が欲しいんだけど、猫アレルギーなんだ。
B What about getting a dog?　犬を飼うのはどう?
A I think dogs are too much work.　犬は手が掛かり過ぎると思う。
B You'd better just stick with your parrot then.　それじゃあ、飼っているオウムをずっと大事にした方がいいわね。

＊allergic to ～　～にアレルギーがある／stick with ～　～に忠実である

1. ワンピースはどうですか?
   What about a dress?

2. ハイウエーに乗るのはどうですか?
   What about taking the highway?

3. 新しい秘書を雇うのはどうですか?
   What about hiring a new secretary?

4. 犬を飼うのはどうですか?
   What about getting a dog?

5. このスニーカーはどうですか?
   What about these sneakers?

6. 映画を見に行くのはどうですか?
   What about going to a movie?

7. 新しいルームメイトはどうですか?
   What about your new roommate?

8. 何か新しいことに挑戦してみるのはどうですか?
   What about trying something new?

9. 定期健診を受けるのはどうですか?
   What about having a regular checkup?

10. デスクトップパソコンにこのモニターはどうですか?
    What about this monitor for your desktop?

＊2. 高速道路　highway　3. 秘書　secretary　9. 定期健診　regular checkup　10. デスクトップパソコン　desktop

What if 〜?
〜したらどうしましょう?

What if 〜?は、What will/would happen if 〜?を縮めたフレーズです。特定の状況を想定した行動確認と、望ましくない状況に陥ることへの不安表明の、2種類の使い方ができます。

Example

A Do you want to go camping in August?　8月にキャンプに行きたい?

B I suppose so. What if it's too hot?　いいけど、暑過ぎたらどうしよう?

A Then we can go swimming.　それなら、泳ぎに行けばいいさ。

B We'll have to go to a campground with a swimming pool.　スイミングプールのあるキャンプ場に行かなくちゃね。

＊campground　キャンプ場

1. 寝坊したらどうしましょう?
   What if I get up late?

2. あなたからの電話に出られなかったらどうしましょう?
   What if I fail to answer your call?

3. 彼がわたしを好きではなかったらどうしましょう?
   What if he doesn't like me?

4. 解雇されたらどうしましょう?
   What if I get fired?

5. 暑過ぎたらたらどうしましょう?
   What if it's too hot?

6. 指をやけどしたらどうしましょう?
   What if I burn my fingers?

7. わたしたちがその飛行機に乗り遅れたらどうしましょう?
   What if we miss the flight?

8. 彼らが約束を破ったらどうしましょう?
   What if they break their promise?

9. 彼が締め切りを守れなかったらどうしましょう?
   What if he can't keep the deadline?

10. 彼女が新しい職場になじめなかったらどうしましょう?
    What if she can't settle down into her new job?

＊6. 〜をやけどする　burn　9. 締め切りを守る　keep the deadline

159

MP3 159 What kind of ～?
どんな～?

What kind of の後に music や car などの名詞を続け、その種類を尋ねるパターンです。kind の代わりに sort を使っても同じ意味です。

Example

A He's really cute.　この子、本当にかわいいね。
B Thank you. He's still a puppy.　ありがとう。まだ子犬だけどね。
A What kind of dog is he?　どんな犬なの？
B He's a golden retriever.　ゴールデンレトリバーよ。

＊puppy　子犬

1. どんな仕事をしているんですか？
   What kind of work do you do**?**

2. どんな食べ物が好きですか？
   What kind of food do you like**?**

3. どんなドレスが着たいですか？
   What kind of dress do you want to wear**?**

4. どんな犬ですか？
   What kind of dog is he**?**

5. どんな車を運転しているんですか？
   What kind of car do you drive**?**

6. 彼女はどんな音楽が好きですか？
   What kind of music does she like**?**

7. 面接にはどんな服を着ていくべきですか？
   What kind of clothes should I wear to my interview**?**

8. どんなピザを注文するんですか？
   What kind of pizza are you ordering**?**

9. あなたの子どもたちはどんな動物が好きですか？
   What kind of animals do your kids like**?**

10. 彼はどんなスポーツをするのが好きですか？
    What kind of sports does he like to play**?**

＊8. ～を注文する　order

Part 4　Unit 25　What ～?

What is/are ~ like?

~はどんな感じですか？

人の性格や外見のように、本質的に変化しないものの様子について尋ねるパターンです。天候や感情・健康状態のように、絶えず変化するものについて尋ねるときはHow is/are ~?を使います。

Example

A Do you think we should stay at this hotel?　このホテルに泊まるべきかしら？
B What are the rooms like?　部屋はどんな感じ？
A They look comfortable and spacious.　居心地がよくて広々とした感じよ。
B OK. Let's stay here for the whole week then.　いいね。じゃあ、ここに１週間ずっと泊まろう。

＊ stay at ~　~に泊まる／spacious　広々とした

1. 仕事はどんな感じですか？
   What is your job **like?**

2. 食べ物はどんな感じですか？
   What is the food **like?**

3. 友達はどんな感じですか？
   What are your friends **like?**

4. 彼女はどんな感じですか？
   What is she **like?**

5. あなたの国はどんな感じですか？
   What is your country **like?**

6. 彼らの政策はどんな感じですか？
   What are their policies **like?**

7. ボーイフレンドはどんな感じですか？
   What is your boyfriend **like?**

8. 新しい家はどんな感じですか？
   What is your new house **like?**

9. 部屋はどんな感じですか？
   What is the room **like?**

10. 新しい隣人はどんな感じですか？
    What is your new neighbor **like?**

＊6. 政策　policy

What do you say 〜？

〜しませんか？

自分の提案について相手が同意するか尋ねたいときに使うパターンです。sayの後にweを主語にした節を続けたり、「to＋名詞・動名詞」を続けたりします。

Example

A What do you say we grab a beer later?　後でビールを飲まない？
B Sure, right after work?　ええ、仕事が終わったらすぐに？
A Yes. It's been a long day.　うん。長い1日だった。
B You can say that again.　全くそのとおりね。

＊grab a beer　ビールを飲む／right after 〜　が終わったらすぐに／You can say that again.　全くそのとおり。

1. 仕事を切り上げませんか？
   What do you say we call it a day?

2. もう出発しませんか？
   What do you say to leaving now?

3. 早めに休暇に出掛けませんか？
   What do you say we go on a vacation soon?

4. 別々に行きませんか？
   What do you say to going separately?

5. 後でビールを飲みませんか？
   What do you say we grab a beer later?

6. 物事をきちんと解決しませんか？
   What do you say we straighten things out?

7. 彼にもう一度チャンスを与えませんか？
   What do you say we give him a second chance?

8. 少し休憩しませんか？
   What do you say we take a break?

9. 新しいスタッフを募集しませんか？
   What do you say we recruit new staff?

10. もっと広いアパートに引っ越しませんか？
    What do you say we move into a larger apartment?

＊1. 仕事を切り上げる　call it a day　6. 〜をきちんと解決する　straighten 〜 out　9. 〜を募集する　recruit

What makes you 〜?
なぜ〜するのですか？

このパターンの後には動詞の原形が続きます。「make＋人＋動詞の原形」で「人に〜させる」、What makes you 〜?を直訳すると「何があなたに〜させたのか？」で、行動の原因や動機を尋ねる表現になります。

Example

A What makes you think I'm going somewhere?　なぜわたしがどこかに行くと思うの？

B I noticed your car keys in your hand.　手に車の鍵を持っていることに気付いたからさ。

A That's because I'm getting my groceries out of the car.　車から食料品を取り出しているところだからよ。

B I see. Let me give you a hand.　分かった。手伝うよ。

＊notice 〜に気付く

1. なぜ専攻を変えたいのですか？
What makes you want to change your major**?**

2. なぜ営業職に応募するのですか？
What makes you apply for a sales job**?**

3. なぜ船員になりたいのですか？
What makes you want to become a sailor**?**

4. なぜそう言うのですか？
What makes you say that**?**

5. なぜ移住したいのですか？
What makes you want to immigrate**?**

6. なぜ骨董品店を経営するのですか？
What makes you run an antique shop**?**

7. なぜその政治家を支持するのですか？
What makes you support the politician**?**

8. なぜこうしたトークショーを見るのですか？
What makes you watch these talk shows**?**

9. なぜわたしがどこかに行くと思うのですか？
What makes you think I'm going somewhere**?**

10. なぜ鉱物採掘に投資するのですか？
What makes you invest in mineral mining**?**

＊1. 専攻　major　2. 営業職　sales job　5. (他国から) 移住する　immigrate　6. 骨董品店　antique shop
10. 採掘　mining

What has happened to ～?

～に何があった／はどうしたのですか？

不審な状況や出来事の原因について尋ねるパターンです。机の上にあった携帯電話が見当たらないときや、最近会わない友人の近況を知りたいときなども、「～はどうしたんだろう」という意味合いでこのパターンを使います。

Example

A What has happened to you?　あなたに何があったの？

B What do you mean?　どういうこと？

A You don't look very happy.　元気がない様子だから。

B I'm OK. I've just been tied up with lots of work today.　大丈夫だよ。今日、たくさんの仕事で忙しかったから。

＊tied up with ～　～で忙しい

1. あなたの家族に何があったのですか？
   What has happened to your family**?**

2. 彼らの庭に何があったのですか？
   What has happened to their garden**?**

3. その小さな町に何があったのですか？
   What has happened to that small town**?**

4. あなたに何があったのですか？
   What has happened to you**?**

5. 彼女の車に何があったのですか？
   What has happened to her car**?**

6. うちの畑に何があったのですか？
   What has happened to our field**?**

7. 彼に何があったのですか？
   What has happened to him**?**

8. あなたの女の赤ちゃんはどうしたのですか？
   What has happened to your baby girl**?**

9. あなたの同僚に何があったのですか？
   What has happened to your colleagues**?**

10. これらの松の木はどうしたのですか？
    What has happened to these pine trees**?**

＊8. 女の赤ちゃん　baby girl　10. 松の木　pine tree

What's the best way to 〜?
〜する最善の方法は何ですか?

何かをするための最善の方法について尋ねるパターンです。皆さんも、What's the best way to learn English?（英語を習得する最善の方法は何ですか？）という言葉を何度も聞いたり使ったりしてきたのではないでしょうか？

Example

A How about going to a baseball game with me?　一緒に野球の試合に行かない？

B Sounds great. I'm not so busy.　いいわよ。あまり忙しくないし。

A By the way, what's the best way to buy tickets?　ところで、チケットを買う一番いい方法は何だろう？

B I think it's best to get them online.　オンラインで買うのが一番じゃない。

＊ by the way　ところで

1. 彼を説得する最善の方法は何ですか？
   What's the best way to persuade him**?**

2. 財を成す最善の方法は何ですか？
   What's the best way to make a fortune**?**

3. みんなを幸せにする最善の方法は何ですか？
   What's the best way to make everyone happy**?**

4. 長生きする最善の方法は何ですか？
   What's the best way to live long**?**

5. チケットを買う最善の方法は何ですか？
   What's the best way to buy tickets**?**

6. 若さを維持する最善の方法は何ですか？
   What's the best way to keep my youth**?**

7. 奨学金をもらう最善の方法は何ですか？
   What's the best way to win a scholarship**?**

8. 英語がうまくなる最善の方法は何ですか？
   What's the best way to improve my English**?**

9. 外国人の友達を作る最善の方法は何ですか？
   What's the best way to make some foreign friends**?**

10. コンベンションセンターに行く最善の方法は何ですか？
    What's the best way to get to the convention center**?**

＊1. 〜を説得する　persuade　2. 財を成す　make a fortune　7. 奨学金　scholarship

Unit **26**

Who 〜?, Which 〜?

このUnitでは、疑問詞who、whichを使ったパターンを学びます。
whoは「〜は誰?」に加え、「誰が〜しますか?」「〜したい人は?」と尋ねるときにも使えます。
whichは、選択の幅や範囲が決まっているとき、「どちら」なのかを尋ねる疑問詞です。
whoもwhichも、さまざまに活用することができるので、ここでしっかりと覚えましょう。

Who is your ～?

～は誰ですか?

相手と関係がある人物についての情報を得たいときに使うパターンです。このパターンを利用して、Who is your favorite ～?と言えば、「お気に入りの～は誰?」という意味になります。

1. デートの相手は誰ですか?
   Who is your date?

2. 信頼のおける相談相手は誰ですか?
   Who is your mentor?

3. 共同経営者は誰ですか?
   Who is your business partner?

4. 監督は誰ですか?
   Who is your coach?

5. 証人は誰ですか?
   Who is your witness?

6. 後援者は誰ですか?
   Who is your sponsor?

7. 親友は誰ですか?
   Who is your best friend?

8. お気に入りの俳優は誰ですか?
   Who is your favorite actor?

9. あなたにとって最大のトラブルメーカーは誰ですか?
   Who is your biggest troublemaker?

10. 次の試合の対戦相手は誰ですか?
    Who is your opponent in the next game?

＊1. デートの相手　date　2. 信頼のおける相談相手　mentor　3. 共同経営者　business partner　4. 監督　coach
　5. 証人　witness　6. 後援者　sponsor　10. 対戦相手　opponent

Who's going to ～?

誰が～しますか？

be going to ～は「～する予定です」という意味です。Who's going to ～?は、それにwhoが付いた形で、誰がする予定なのか尋ねるパターンです。

Example

A I bet we'll have to cancel the event.　その行事はきっと中止しなければならなくなるよ。

B No it'll be all right.　いいえ、大丈夫よ。

A Who's going to volunteer on a Saturday though?　でも、誰が土曜日にボランティアをするかな？

B Mark, Sara, John, and Peggy have already signed up!　マーク、サラ、ジョンにペギーが既に申し込んでる！

＊I bet ～　きっと～だ／sign up　申し込む

1. 誰が動物園に行きますか？
Who's going to the zoo**?**

2. 誰が討論を始めますか？
Who's going to start the discussion**?**

3. 誰がそこに行きますか？
Who's going to be there**?**

4. 誰がパーティーに行きますか？
Who's going to the party**?**

5. 誰が土曜日にボランティアをしますか？
Who's going to volunteer on a Saturday**?**

6. 誰がお使いをしますか？
Who's going to do the errands**?**

7. 誰がベンソンの代わりをしますか？
Who's going to replace Benson**?**

8. 誰が報告書を読みますか？
Who's going to be reading the report**?**

9. 誰がごみを出しますか？
Who's going to take out the garbage**?**

10. 誰が猫に鈴をつけますか？
Who's going to put the bell on the cat**?**

＊6. 使い　errand　7. ～の代わりをする　replace　9. ごみ　garbage
　10. 猫に鈴をつける（みなのために進んで危険なことを引き受ける）put the bell on the cat

Who wants to ~?

~したい人は／なんているものか？

複数の人に対し、ある事柄に対する意向を尋ねるパターンです。「誰が～したいものか？」という、否定的なニュアンスで使われることもあります。

MP3 167

| Example |

A Who wants to eat out?　外食したい人は？
B I do.　行きたい。
A Where should we go?　どこに食べに行こうか？
B I know a place that serves good T-bone steaks.　おいしいTボーンステーキを出す所、知ってるよ。

＊eat out　外食する

1. それを知りたい人は？
   Who wants to know that?

2. 早退したい人は？
   Who wants to leave early?

3. うちの上司の機嫌をとりたい人なんているものか？
   Who wants to please our boss?

4. 外食したい人は？
   Who wants to eat out?

5. 有名になりたい人は？
   Who wants to be famous?

6. わたしの猫をなでたい人は？
   Who wants to stroke my cat?

7. 彼女にインタビューしたい人は？
   Who wants to interview her?

8. スープをもっと飲みたい人は？
   Who wants to have more soup?

9. わたしからお金を借りたい人は？
   Who wants to borrow money from me?

10. こんないい天気の日に家にいたい人なんているものか？
    Who wants to stay indoors on such a lovely day?

＊3. ～の機嫌をとる　please　6. ～をなでる　stroke

Which way 〜?
〜はどちらですか？

方向や方法に関して、いくつかある選択肢の中で、どれを選ぶかを尋ねるパターンです。選択肢が明確でないときは、Whatを使う方が自然です。

Example

A We can take the highway or a local road.　ハイウエーか地方道で行けるよ。
B Which way is the quickest?　一番早いのはどっち？
A I think the highway is the quickest.　ハイウエーが一番早いと思う。
B OK, let's go.　分かった、行きましょう。

＊local road　地方道

1. 東はどちらですか？
   Which way is east?

2. 一番短いのはどちらですか？
   Which way is the shortest?

3. ジェフの牧場へ向かうのはどちらですか？
   Which way is it to Jeff's ranch?

4. 出口はどちらですか？
   Which way is the exit?

5. 公園はどちらですか？
   Which way is the park?

6. 店はどちらですか？
   Which way is the store?

7. 一番簡単なのはどちらですか？
   Which way is the easiest?

8. 一番早いのはどちらですか？
   Which way is the quickest?

9. 一番景色がいいのはどちらですか？
   Which way is the most scenic?

10. いらっしゃるのはどちらからですか？
    Which way are you coming from?

＊3. 牧場　ranch　9. 景色がいい　scenic

Which one do you 〜?

どちらが／を〜ですか？

前のパターン同様、選択肢の中からどれを選択するか尋ねるときに使うパターンです。Which one の one が選択の対象で、次の Example ではスカートです。

Example

A I really don't know which skirt to take.　どのスカートを選べばいいか本当に分からないわ。

B Which one do you prefer?　どっちが好き？

A Well, this striped one looks cool but that dotted one looks stylish.　うーん、このストライプのはクールに見えるし、あの水玉模様のはスタイリッシュだし。

B It's a hard choice, isn't it?　難しい選択ね。

＊dotted　水玉模様の

1. どちらが欲しいですか？
   Which one do you want to have**?**

2. どちらが勝つと思いますか？
   Which one do you think will win**?**

3. どちらを選択したいですか？
   Which one do you want to choose**?**

4. どちらを普段選びますか？
   Which one do you normally pick**?**

5. どちらを使いますか？
   Which one do you use**?**

6. どちらを飲みますか？
   Which one do you drink**?**

7. どちらが好きですか？
   Which one do you prefer**?**

8. どちらを選びたいですか？
   Which one do you want to take**?**

9. どちらに加入したいですか？
   Which one do you subscribe to**?**

10. どちらを試着したいですか？
    Which one do you want to try on**?**

＊9. 〜に加入する　subscribe to 〜　10. 〜を試着する　try on 〜

Which do you like better, 〜?

〜のどちらが好きですか？

二者択一で、どちらを好むかという質問をするときに使います。like betterをpreferに代えて、Which do you prefer 〜?でもOKです。

Example

A Which do you like better, baseball or basketball?　野球とバスケットボールのどっちが好き？

B Guess which! I'm a big fan of the New York Yankees.　どっちか当ててみて！ 僕はニューヨークヤンキースの熱烈なファンなんだ。

A Oh, you like baseball then.　あ、それなら野球が好きなのね。

B Yes. But basketball is my next favorite sport.　うん。でも、バスケットボールは次に好きなスポーツだよ。

1. コーヒーとお茶のどちらが好きですか？
   Which do you like better, coffee or tea?

2. ライオンと虎のどちらが好きですか？
   Which do you like better, lions or tigers?

3. 赤と青のドレスの、どちらが好きですか？
   Which do you like better, the red or blue dress?

4. 魚と牛肉のどちらが好きですか？
   Which do you like better, fish or beef?

5. 犬と猫のどちらが好きですか？
   Which do you like better, dogs or cats?

6. 春と秋のどちらが好きですか？
   Which do you like better, spring or autumn?

7. りんごとバナナのどちらが好きですか？
   Which do you like better, apples or bananas?

8. 野球とバスケットボールのどちらが好きですか？
   Which do you like better, baseball or basketball?

9. トラックと乗用車のどちらを運転するのが好きですか？
   Which do you like better, driving a truck or a car?

10. 行くなら山と海のどちらが好きですか？
    Which do you like better, going to the mountains or the sea?

Unit 27

Where ~?, When ~?

whereは場所を、whenは時間を尋ねるときに使う疑問詞です。
Where is ~?、When is ~?のように、基本の文型はどちらも簡単ですが、
応用パターンを使うことがポイントです。「一番近い~はどこですか?」、
「最後に~したのはいつですか?」など、ネイティブがよく使う応用パターンを覚えましょう。

MP3 171 Where did you ～?

どこで／に～しましたか？

休暇に行ったり、買い物をしたりなど、相手が何かの行為をした場所について知りたいときは、全てこのパターンで尋ねることができます。

Example

A Where did you go for your vacation?　休暇はどこに行ったの？
B We went to Alaska.　アラスカに行ったわ。
A I've heard it has magnificent scenery.　あそこの景色は壮大だと聞いたけど。
B It sure has. It's amazing.　本当にそう。素晴らしいわよ。

＊magnificent　壮大な

1. その時計はどこで買いましたか？
   Where did you buy that clock**?**

2. 昨晩はどこで寝ましたか？
   Where did you sleep last night**?**

3. どこに応募しましたか？
   Where did you apply**?**

4. 最後にどこで彼を見掛けましたか？
   Where did you last see him**?**

5. どこでわたしの鍵を見つけましたか？
   Where did you find my key**?**

6. その花瓶はどこで買いましたか？
   Where did you get that vase**?**

7. どこでスペイン語を学びましたか？
   Where did you learn Spanish**?**

8. 彼の工具箱をどこに置きましたか？
   Where did you put his toolbox**?**

9. 休みはどこで過ごしましたか？
   Where did you spend your holidays**?**

10. 休暇はどこに行きましたか？
    Where did you go for your vacation**?**

＊8. 工具箱　toolbox

Where can I ～?

どこで～できますか?

直訳すると「わたしはどこで～できるでしょうか?」という意味で、何かを行う場所を丁寧に尋ねるパターンです。旅先などで見知らぬ人に場所を尋ねるときに特に役立ちます。

Example

A What is that?　それ何?

B It's a copy of the presentation Mr. Peters just made.　さっきピータースさんが行った発表のコピーよ。

A Where can I get a copy?　コピーはどこでもらえるの?

B You can get one from Lloyd.　ロイドから1部もらえるわ。

1. 料理はどこで習えますか?
   Where can I learn cooking**?**

2. 彼にはどこで会えますか?
   Where can I meet him**?**

3. そのクーポンはどこでもらえますか?
   Where can I get the coupons**?**

4. コピーはどこでもらえますか?
   Where can I get a copy**?**

5. 車はどこに駐車できますか?
   Where can I park my car**?**

6. レッサーパンダはどこで見られますか?
   Where can I see lesser pandas**?**

7. サケはどこで釣れますか?
   Where can I fish for salmon**?**

8. 手はどこで洗えますか?
   Where can I wash my hands**?**

9. 大西洋産のロブスターはどこで食べられますか?
   Where can I try Atlantic lobster**?**

10. 数学の勉強は、今日どこで手伝ってもらえますか?
    Where can I get help studying math today**?**

＊7. ～を釣る　fish for ～　9. 大西洋 (産)の　Atlantic

Where's the nearest ～?

一番近い～はどこですか？

旅先でとても役立つパターンです。駅、店、銀行など行きたい施設の、最寄りの場所がどこかを尋ねます。
通りすがりの人を、まずExcuse me.（すみません）と呼び止めた後、このパターンで尋ねましょう。

Example

A Do you want to have lunch?　お昼にする？

B Yes, I do. Where's the nearest fast-food restaurant?　そうね。一番近いファストフード店はどこかしら？

A I think there is one just down the street.　このちょっと先にあると思うよ。

B Sounds great. Let's hurry there.　いいわね。急ぎましょう。

* just down the street　このちょっと先／hurry　急ぐ

1. 一番近いトイレはどこですか？
   Where's the nearest restroom?

2. 一番近い処方せん薬局はどこですか？
   Where's the nearest pharmacy?

3. 一番近いモールはどこですか？
   Where's the nearest mall?

4. 一番近い銀行はどこですか？
   Where's the nearest bank?

5. 一番近い郵便局はどこですか？
   Where's the nearest post office?

6. 一番近いガソリンスタンドはどこですか？
   Where's the nearest gas station?

7. 一番近いコインランドリーはどこですか？
   Where's the nearest laundromat?

8. 一番近い警察署はどこですか？
   Where's the nearest police station?

9. 一番近い地下鉄駅はどこですか？
   Where's the nearest subway station?

10. 一番近いファストフード店はどこですか？
    Where's the nearest fast-food restaurant?

* 2. 処方せん薬局　pharmacy　5. 郵便局　post office　6. ガソリンスタンド　gas station
　7. コインランドリー　laundromat　8. 警察署　police station　9. 地下鉄駅　subway station

🔊 MP3 174 Where's the best place to ～?
～するのに最適な場所はどこですか?

「the best place to不定詞」は、「～するのに最適な場所」です。それがどこかを尋ねるのがこのパターンで、ショッピングや観光すべき場所を尋ねるときなどに役立ちます。

Example

A Excuse me. Where's the best place to shop for luxury goods?　すみません。高級品を買うのに最適な場所はどこですか?

B You're at the right place.　ちょうどいい場所にいますよ。

A What do you mean?　どういう意味ですか?

B A deparment store is right across from here.　デパートがちょうどこの真向かいにあります。

＊luxury goods 高級品／right across from ～　ちょうど～の真向かいに

1. デートに行くのに最適な場所はどこですか?
Where's the best place to go on a date?

2. 車を買うのに最適な場所はどこですか?
Where's the best place to buy a car?

3. 洋服を買うのに最適な場所はどこですか?
Where's the best place to shop for clothes?

4. 日光浴をするのに最適な場所はどこですか?
Where's the best place to sunbathe?

5. 子どもたちを連れていくのに最適な場所はどこですか?
Where's the best place to take my kids?

6. 古代の遺物を見るのに最適な場所はどこですか?
Where's the best place to see ancient relics?

7. 安らかに瞑想するのに最適な場所はどこですか?
Where's the best place to meditate in peace?

8. ロッククライミングに行くのに最適な場所はどこですか?
Where's the best place to go rock-climbing?

9. ボディーマッサージを受けるのに最適な場所はどこですか?
Where's the best place to get a body massage?

10. 高級品を買うのに最適な場所はどこですか?
Where's the best place to shop for luxury goods?

＊4. 日光浴をする　sunbathe　6. 遺物　relic　7. 安らかに　in peace／瞑想する　meditate
8. ロッククライミング　rock-climbing

When did you ～?
いつ～しましたか？

whenは「いつ」という意味で、時を尋ねる疑問詞です。ですから、When did you ～?と過去形になると、相手が過去にした行動の具体的な時期を尋ねるパターンになります。

Example

A What's new, Brian?　何かあった、ブライアン？
B I quit my job.　仕事を辞めたんだ。
A Oh, really! When did you quit?　えっ、本当！　いつ辞めたの？
B A couple of weeks ago.　２週間前だよ。

1. いつ彼と知り合いましたか？
   When did you get to know him**?**

2. いつ足首を骨折しましたか？
   When did you break your ankle**?**

3. いつ彼女の家に立ち寄りましたか？
   When did you drop by her house**?**

4. いつ昨晩は帰宅しましたか？
   When did you arrive home last night**?**

5. いつ婚約しましたか？
   When did you get engaged**?**

6. いつ辞めましたか？
   When did you quit**?**

7. いつ昇進しましたか？
   When did you get promoted**?**

8. いつ小包を郵送しましたか？
   When did you mail your parcel**?**

9. いつ彼らが口げんかするのを見ましたか？
   When did you see them quarreling**?**

10. いつ大学を卒業しましたか？
    When did you graduate from university**?**

＊3. ～に立ち寄る　drop by ～　5. 婚約する　get engaged　7. 昇進する　get promoted

(MP3 176) When do you plan to ～?

いつ～する予定ですか?

「plan to不定詞」は「～する予定です」という意味です。Do you plan to ～?と疑問形にすると、相手の予定を尋ねられます。さらにwhenを付けると、予定を実行に移す時期を質問できます。

Example

A I'd like to borrow these books. これらの本を借りたいのですが。

B You'll have to pay your overdue fine first. When do you plan to do that? 先に延滞の罰金を払わなければなりません。いつ払う予定ですか?

A Right now if I have enough money. How much is it? お金さえ十分にあれば、すぐに。いくらですか?

B It's $10. 10ドルです。

＊ overdue fine　延滞の罰金

1. 新しい仕事にはいつ就く予定ですか?
   When do you plan to start a new job?

2. ギプスはいつ外される予定ですか?
   When do you plan to get the cast removed?

3. シカゴへはいつ戻ってくる予定ですか?
   When do you plan to come back to Chicago?

4. 結婚はいつする予定ですか?
   When do you plan to get married?

5. いつそれをする予定ですか?
   When do you plan to do that?

6. いつ交代勤務をする予定ですか?
   When do you plan to do shift work?

7. いつ支払いをする予定ですか?
   When do you plan to pay your bill?

8. 新車はいつ買う予定ですか?
   When do you plan to get a new car?

9. いつ運動を始める予定ですか?
   When do you plan to start exercising?

10. いつ語彙試験を受ける予定ですか?
    When do you plan to take the vocabulary test?

＊2. ギプス　cast／～を外す　remove　6. 交代勤務　shift work　10. 語彙　vocabulary

When was the last time ～?

最後に～したのはいつですか?

何かを最後に経験した時を尋ねるパターンで、When was the last timeの後は「主語＋動詞」の順で、時制は過去になります。When did you last ～?としても同じ意味になります。

Example

A Your swing could do with some work.　君のスイングは、少し改善の必要があるね。
B I need more practice.　もっと練習しなくちゃ。
A When was the last time you played golf?　最後にゴルフをしたのはいつ?
B It's been almost a decade.　もう10年近く前になります。

＊ could do with ～　～が必要である

1. 最後に賞をとったのはいつですか?
   When was the last time you won a prize**?**

2. 最後に彼があなたに電話したのはいつですか?
   When was the last time he gave you a call**?**

3. 最後に海外に旅行したのはいつですか?
   When was the last time you went overseas on a trip**?**

4. 最後に彼女を見たのはいつですか?
   When was the last time you saw her**?**

5. 最後にゴルフをしたのはいつですか?
   When was the last time you played golf**?**

6. 最後に彼女があなたと話したのはいつですか?
   When was the last time she talked to you**?**

7. 最後に髪を切ってもらったのはいつですか?
   When was the last time you got your hair cut**?**

8. 今日以前で、最後に職に応募したのはいつですか?
   When was the last time you applied for a job before today**?**

9. 最後に健康診断を受けたのはいつですか?
   When was the last time you had a medical checkup**?**

10. 最後に遊園地に行ったのはいつですか?
    When was the last time you went to an amusement park**?**

＊ 1. 賞をとる　win a prize　3. 海外に　overseas　9. 健康診断　medical checkup　10. 遊園地　amusement park

When would be a good time ～?

いつ～すればいいでしょうか?

何かをするのに適した時期、時間を尋ねるパターンです。人と約束を取り付けたりするときに、相手の都合を尋ねる表現として使うこともできます。

Example

A When would be a good time to plant the flowers?　いつその花を植えればいいかな?
B I think it's around the middle of May.　5月中ごろだと思うわ。
A Don't we have cold weather then?　その頃は寒くない?
B No, we don't. It's the perfect time.　いいえ。完璧な時期よ。

＊plant　～を植える

1. いつ株を買えばいいでしょうか?
   When would be a good time to buy stocks**?**

2. いつ車で迎えに行けばいいでしょうか?
   When would be a good time to pick you up**?**

3. いつ彼らに別れを告げればいいでしょうか?
   When would be a good time to say goodbye to them**?**

4. いつ引っ越してくればいいでしょうか?
   When would be a good time to move in**?**

5. いつ京都を訪問すればいいでしょうか?
   When would be a good time to visit Kyoto**?**

6. いつ起業すればいいでしょうか?
   When would be a good time to start a business**?**

7. いつその花を植えればいいでしょうか?
   When would be a good time to plant the flowers**?**

8. いつ彼女に謝ればいいでしょうか?
   When would be a good time to apologize to her**?**

9. いつ携帯電話を購入すればいいでしょうか?
   When would be a good time to buy a cellphone**?**

10. いつスミス教授を訪ねればいいでしょうか?
    When would be a good time to visit Professor Smith**?**

＊2. ～を車で迎えに行く　pick ～ up　3. ～に別れを告げる　say goodbye to ～　8. ～に謝る　apologize to ～
10. 教授　professor

Unit 28

Why ～?, How ～?

whyは理由を尋ねるとき、howは方法を尋ねるときに使う疑問詞です。
しかし、whyを使い「～したらどうですか?」と勧めることもできますし、
howを使い「～はどうでしたか?」と感想を聞くこともできます。
whyとhowの限りない変身パターンを覚えていきましょう。

Why are you so ～?
なぜそんなに～のですか?

相手の様子や言動が行き過ぎた状態であることを悟らせつつ、その理由を聞くパターンです。soの後には、相手の状態を表現する形容詞が続きます。

Example

A Why are you so depressed?　なぜそんなに落ち込んでるんだい?
B My dog died this morning.　今朝、飼い犬が死んだの。
A That's too bad.　かわいそうに。
B Thank you.　ありがとう。

1. なぜそんなに疲れているのですか?
   Why are you so tired?

2. なぜそんなに怒っているのですか?
   Why are you so angry?

3. なぜそんなに買い物に行きたいのですか?
   Why are you so anxious to go shopping?

4. なぜそんなに威張っているのですか?
   Why are you so bossy?

5. なぜそんなに興奮しているのですか?
   Why are you so excited?

6. なぜそんなに喜んでいるのですか?
   Why are you so pleased?

7. なぜそんなに当惑しているのですか?
   Why are you so puzzled?

8. なぜそんなに神経質になっているのですか?
   Why are you so nervous?

9. なぜそんなに落ち込んでいるのですか?
   Why are you so depressed?

10. なぜそんなに仕事について心配しているのですか?
    Why are you so worried about work?

＊4. 威張る　bossy　7. 当惑する　puzzled

Why do you 〜?

なぜ〜するのですか?

相手に「なぜ〜するの？」と聞くときに最も一般的に使われるパターンで、相手の行動や習慣の理由を知りたいときに使う表現です。

Example

A Why do you break a dish?　なぜお皿を割るの？
B Because we believe it'll bring us good luck.　それが幸運をもたらすと信じているからさ。
A How interesting!　面白いわね！
B Yes, it doesn't seem to work though.　うん、でも効き目はあまり感じられないんだけどね。

---

1. なぜ夜更かしするのですか？
   Why do you stay up late?

2. なぜ経済学を学ぶのですか？
   Why do you study economics?

3. なぜ彼女をいじめるのですか？
   Why do you pick on her?

4. なぜ知りたいのですか？
   Why do you want to know?

5. なぜ皿を割るのですか？
   Why do you break a dish?

6. なぜわたしに関心があるのですか？
   Why do you care about me?

7. なぜ週末に仕事をするのですか？
   Why do you work on weekends?

8. なぜ歩いて会社に行くのですか？
   Why do you go to work on foot?

9. なぜプロジェクト実行の土壇場まで待つのですか？
   Why do you wait until the last minutes to do projects?

10. なぜ毎朝早く起きるのですか？
    Why do you get up early every morning?

＊1. 夜更かしする　stay up late　2. 経済学　economics　3. 〜をいじめる　pick on 〜　8. 歩いて　on foot

Why don't you ～?

～したらどうですか?

直訳すると「なぜ～しないの?」ですが、実際には「～したらどうですか?」と、相手に何かするよう勧めるパターンです。同じ意味のWhy not ～?もよく使われます。

Example

A I'm pretty tired right now.　今かなり疲れているんだ。

B Why don't you take a break?　休んだらどう?

A I have no time to relax.　休んでる時間がないんだよ。

B Yes, you do. I'll keep working while you rest.　時間はあるわよ。あなたが休んでいる間、わたしが働いてるわ。

1. 芝生を刈ったらどうですか?
   Why don't you mow the lawn?

2. 近道したらどうですか?
   Why don't you take a shortcut?

3. この本を子どもに読んであげたらどうですか?
   Why don't you read this book to your kid?

4. 休んだらどうですか?
   Why don't you take a break?

5. 自分の気持ちを打ち明けたらどうですか?
   Why don't you open up your heart?

6. それを競売にかけたらどうですか?
   Why don't you put it up for auction?

7. 一番簡単なことをしたらどうですか?
   Why don't you just do what's easiest?

8. 明日の授業の予習したらどうですか?
   Why don't you prepare for tomorrow's class?

9. エッセーを注意深く読んでみたらどうですか?
   Why don't you read the essay carefully?

10. うちに夕食に来たらどうですか?
    Why don't you come to my house for dinner?

＊1. 芝生を刈る　mow the lawn　5. ～を打ち明ける　open up ～　6. ～を競売にかける　put ～ up for auction

How about 〜?
〜しませんか？

What about 〜?（〜はどうですか？）も似た意味の表現ですが、What about 〜?が相手の考えを尋ねるのに対し、How about 〜?は相手に何かを提案するときに使うパターンです。

Example

A Can we go shopping today?　今日ショッピングに行かない？
B I'm sorry I can't. I have to work late.　悪いけど行けない。遅くまで働かないといけないから。
A How about tomorrow then?　それじゃ明日にしない？
B I'm free tomorrow.　明日なら空いてる。

1. 古い宮殿の観光に行きませんか？
　How about going sightseeing old palaces?

2. 気晴らしに卓球をしませんか？
　How about playing table tennis for a pastime?

3. ピザを注文しませんか？
　How about ordering pizza?

4. フライドチキンにしませんか？
　How about fried chicken?

5. パッケージツアーにしませんか？
　How about a package tour?

6. それでは明日にしませんか？
　How about tomorrow then?

7. 仕事が終わったら一杯やりませんか？
　How about a drink after work?

8. うちの庭でバーベキューしませんか？
　How about a barbecue in my yard?

9. 全部ウェルダンにしませんか？
　How about cooking them all well-done?

10. 結婚記念日を祝いませんか？
　How about celebrating our wedding anniversary?

＊1. 観光旅行をする　sightsee　2. 気晴らし　pastime／卓球　table tennis　8. 庭　yard
　10. 結婚記念日　wedding anniversary／〜を祝う　celebrate

MP3 183 # How was your 〜?
〜はどうでしたか?

相手が経験したり見聞きしたりした出来事についての、意見や感想などを尋ねるときに使うパターンです。旅行から仕事の感想まで、さまざまな場面で使えます。

| Example |

A How was your summer vacation?　夏休みはどうだった?
B It was really nice.　本当に良かったわ。
A Where did you go?　どこへ行ったの?
B We went to Palm Beach, Florida.　フロリダのパームビーチ。

1. 試験はどうでしたか?
   How was your exam?

2. 週末はどうでしたか?
   How was your weekend?

3. 新しいアパートはどうでしたか?
   How was your new apartment?

4. 講義はどうでしたか?
   How was your lecture?

5. 夕食はどうでしたか?
   How was your dinner?

6. 結婚式のスピーチはどうでしたか?
   How was your wedding speech?

7. 初出勤日はどうでしたか?
   How was your first day at work?

8. シンガポール旅行はどうでしたか?
   How was your trip to Singapore?

9. 夏休みはどうでしたか?
   How was your summer vacation?

10. ジェニファーとのデートはどうでしたか?
    How was your date with Jennifer?

＊4. 講義 lecture　10. 〜とのデート date with 〜

How did ~ go?

~はどうでしたか？

会議、業務、映画、試合など、さまざまな事柄の進行状況や結末を尋ねるときに使うパターンです。終了後、全般的な感想を聞くときにも使えます。

Example

A How did your job interview go?　就職面接はどうだった？

B I think it went well.　うまくいったと思う。

A Did they offer you the editing job?　編集職を提示された？

B Not yet. But they said if I were hired I would get a call soon.　まだよ。でも、採用になったらすぐに連絡をくれると言ってたわ。

* offer　～を提示する／editing job　編集職

---

1. 引っ越しはどうでしたか？
   How did your move **go?**

2. 決勝戦はどうでしたか？
   How did the final **go?**

3. 自動車の教習はどうでしたか？
   How did your driver training **go?**

4. 会議はどうでしたか？
   How did the meeting **go?**

5. ブラインドデートはどうでしたか？
   How did your blind date **go?**

6. 今日はどうでしたか？
   How did your day **go?**

7. 就職面接はどうでしたか？
   How did your job interview **go?**

8. ポットラックパーティーはどうでしたか？
   How did your potluck party **go?**

9. オープニングセレモニーはどうでしたか？
   How did the opening ceremony **go?**

10. 大統領選挙はどうでしたか？
    How did the presidential election **go?**

* 2. 決勝戦　final　3. 自動車の教習　driver training　5. ブラインドデート　blind date。互いに知り合いではない男女のデート。
10. 大統領選挙　presidential election

How do I know 〜?

〜を、どうしてわたしが知っているのですか／は、どうすれば分かりますか?

「どうすれば分かるのか?」という質問のほか、自分が知るはずがないことだと強調する際にも使われるパターンです。後者はHow should I know 〜?でもOKです。

Example

A Long time no see. Glad to see you.　久しぶり。会えてうれしいよ。

B How do I know you?　あなたのことを、どうしてわたしが知っているのですか?

A I'm Perez Ricardo. We went to Columbia High School together.　ペレス・リカードだよ。コロンビア高校に一緒に通っていたじゃないか。

B Oh, I remember you now. Great to see you again.　ああ、今、思い出した。再会できてうれしいわ。

＊Long time no see.　久しぶり。

1. 彼の住所は、どうすれば分かりますか?
   How do I know his address**?**

2. 弟が何を考えているかを、どうしてわたしが知っているのですか?
   How do I know what my brother thinks**?**

3. この地域の家賃相場は、どうすれば分かりますか?
   How do I know the average rent in this area**?**

4. 彼が金持ちということを、どうしてわたしが知っているのですか?
   How do I know that he is rich**?**

5. 自分がどれだけ長生きするかは、どうすれば分かりますか?
   How do I know how long I'll live**?**

6. あなたのことを、どうしてわたしが知っているのですか?
   How do I know you**?**

7. あなたの将来のキャリアを、どうしてわたしが知っているのですか?
   How do I know your future career**?**

8. モニカが何を欲しがっているのかは、どうすれば分かりますか?
   How do I know what Monica wants to have**?**

9. あなたの息子がいつ帰ってくるかを、どうしてわたしが知っているのですか?
   How do I know when your son will get back**?**

10. 彼女が自分のプライバシーだと考えることを、どうしてわたしが知っているのですか?
    How do I know what she thinks is her privacy**?**

＊7. キャリア　career　10. プライバシー　privacy

How do you know ～?
～を、どうして知っているのですか?

 MP3 186

相手が意外なことを知っていたときに、驚きを表すパターンです。知るに至った経緯や方法を尋ねる表現でもあります。

Example

A How do you know he left the lights on?　彼が明かりをつけっ放しにしたことを、どうして知っているの?

B Because I was first in this morning.　今朝、一番に出社したからさ。

A What will you do about it?　それについてどうするつもり?

B I'll give him a quiet warning.　静かに警告を与えるつもりだよ。

＊warning　警告

1. それを、どうして知っているのですか?
   How do you know that?

2. わたしが何を見たのかを、どうして知っているのですか?
   How do you know what I have seen?

3. 彼女が幼いとき孤児だったことを、どうして知っているのですか?
   How do you know she was an orphan as a child?

4. 彼が明かりをつけっ放しにしたことを、どうして知っているのですか?
   How do you know he left the lights on?

5. ビンセントの生い立ちを、どうして知っているのですか?
   How do you know Vincent's back story?

6. 彼女の銀行の暗証番号を、どうして知っているのですか?
   How do you know her banking password?

7. バーニーがわたしのクレジットカードを盗んだことを、どうして知っているのですか?
   How do you know Barney stole my credit card?

8. ステファニーが美容整形手術したことを、どうして知っているのですか?
   How do you know Stephanie had plastic surgery?

9. 岩の後ろに何が隠されているか、どうして知っているのですか?
   How do you know what is hidden behind the rock?

10. わたしの友達のゴメス・ロドリゲスを、どうして知っているのですか?
    How do you know Gomez Rodriguez, a friend of mine?

＊3. 孤児　orphan　5. 生い立ち　back story　8. 美容整形手術　plastic surgery

MP3 187 How do you like ～?

～は気に入りましたか？

相手の好みや意見を尋ねるパターンです。新たに購入したものや、身の回りの人などに対して使います。

Example

A How do you like your job?　仕事は気に入った？
B I love it up to now.　今のところは気に入ってるよ。
A Is it hard work?　仕事は大変？
B No, it's a little repetitive but fun.　いいや、ちょっと繰り返しが多いけど面白いよ。

＊repetitive　繰り返しが多い

1. この絵は気に入りましたか？
   How do you like this painting?

2. 新しい家は気に入りましたか？
   How do you like your new house?

3. このチューリップ園は気に入りましたか？
   How do you like this tulip garden?

4. 仕事は気に入りましたか？
   How do you like your job?

5. アイスクリームは気に入りましたか？
   How do you like ice cream?

6. ペットの犬は気に入りましたか？
   How do you like your pet dog?

7. この屋上の眺めは気に入りましたか？
   How do you like this rooftop view?

8. 新車は気に入りましたか？
   How do you like your new car?

9. 空の旅は気に入りましたか？
   How do you like flying?

10. 彼女の服装は気に入りましたか？
    How do you like her outfit?

＊7. 屋上　rooftop　10. 服装　outfit

How could you 〜?

どうして〜を／ができるのですか?

相手の問題のある言動に対し、そんなことをするとは思わなかったと、驚きを表現するパターンです。相手を詰問し批判するニュアンスが強く、自分の怒りを伝えることができます。

Example

A Ready to go see your doctor?　お医者さんに診てもらいに行く準備はできた?

B Oh, I forgot my appointment.　あっ、予約を忘れてた。

A How could you forget that? I told you three times.　どうして忘れることができるの? 3回も言ったじゃない。

B I got busy at work.　仕事で忙しかったんだ。

＊appointment　予約

1. どうしてそれをわたしに言えるのですか?
   How could you say that to me?

2. どうしてそんなことができるのですか?
   How could you do such a thing?

3. どうして彼の気持ちを傷つけることができるのですか?
   How could you hurt his feelings?

4. どうしてそれを忘れることができるのですか?
   How could you forget that?

5. どうしてわたしを裏切って浮気することができるのですか?
   How could you cheat on me?

6. どうして自分の決断を急に変えることができるのですか?
   How could you flip-flop on your decision?

7. どうして自分の主治医を非難することができるのですか?
   How could you blame your family doctor?

8. どうして彼女にそんなに冷淡に接することができるのですか?
   How could you treat her so cold-heartedly?

9. どうしてまた同じ失敗をすることができるのですか?
   How could you make the same mistake again?

10. どうしてわたしと結婚するという約束を破ることができるのですか?
    How could you break your promise to marry me?

＊5. 〜を裏切って浮気する　cheat on 〜　6. 急に変える　flip-flop　7. 主治医　family doctor　8. 冷淡に　cold-heartedly

How dare you 〜!
よくもまあ、〜できるものだ!

このdareは、「大胆にも〜する」という意味の助動詞で、このパターンは相手の言動に腹を立てたときに使います。通常、自分が相手より上の立場にある状況で使います。

Example

A How much do you weigh?　体重は何キロ?

B How dare you ask me that!　よくもまあ、わたしにそんなことが聞けるわね!

A Sorry. I didn't mean to offend you.　ごめん。気を悪くさせるつもりはなかったんだ。

B Let's just say I'm not my ideal weight.　理想の体重ではないとだけ言っておくわ。

＊offend　〜の気を悪くさせる/ideal　理想の

1. よくもまあ、わたしにうそをつけるものだ!
   How dare you lie to me!

2. よくもまあ、彼のギャンブルを非難できるものだ!
   How dare you accuse him of gambling!

3. よくもまあ、わたしの計画に反対できるものだ!
   How dare you come out against my plan!

4. よくもまあ、わたしにそんなことを聞ける/頼めるものだ!
   How dare you ask me that!

5. よくもまあ、わたしにそれの支払いをしてもらえるなどと期待できるものだ!
   How dare you expect me to pay for it!

6. よくもまあ、彼に挑戦できるものだ!
   How dare you challenge him!

7. よくもまあ、わたしの電話を無視できるものだ!
   How dare you not answer my call!

8. よくもまあ、わたしに気を付けるようにと警告できるものだ!
   How dare you warn me to be careful!

9. よくもまあ、わたしに関するうわさを立てられるものだ!
   How dare you start a rumor about me!

10. よくもまあ、彼女を批判できるものだ!
    How dare you criticize her!

＊2. ギャンブル　gambling/AをBで非難する　accuse A of B　3. 〜に反対する　come out against 〜
9. うわさを立てる　start a rumor

Unit 29

How＋形容詞／副詞？

前のUnitで見たように、疑問詞howをHow 〜?の形で使うと、
方法を尋ねるパターンになりますが、howの後ろに
long、much、many、often、soonなどの形容詞／副詞を付けると、
「どのくらいの」と程度を尋ねるパターンになります。
これを使い、距離や所要時間・回数など、さまざまなことが質問できます。

How much does it cost 〜?

〜にいくらかかりますか？

MP3 190

費用を尋ねるパターンです。costの後には「for＋名詞・動名詞」やto不定詞を続けます。何の費用を尋ねているか明確な場合は、How much?（いくら？）とだけ聞いても大丈夫です。

Example

A How much does it cost for two tickets?　チケット2枚でいくら？

B Each ticket costs $17.　チケット1枚17ドルかかるわ。

A OK. I'll cover that.　分かった。僕がそれ持つよ。

B Now let's go buy some chicken and beer before we enter the stadium.　じゃあ、競技場に入る前にチキンとビールを買いに行きましょう。

＊cover （費用）を負担する

1. 革製のソファにいくらかかりますか？
   How much does it cost for a leather couch**?**

2. 1日中駐車するのにいくらかかりますか？
   How much does it cost for parking for a whole day**?**

3. 収納スペースを借りるのにいくらかかりますか？
   How much does it cost to rent some storage space**?**

4. 金の延べ棒1本にいくらかかりますか？
   How much does it cost for a gold bar**?**

5. チケット2枚にいくらかかりますか？
   How much does it cost for two tickets**?**

6. 入るのにいくらかかりますか？
   How much does it cost to get in**?**

7. 家を改築するのにいくらかかりますか？
   How much does it cost to remodel my house**?**

8. モニターを交換するのにいくらかかりますか？
   How much does it cost to replace my monitors**?**

9. 小さい店を開くのにいくらかかりますか？
   How much does it cost to open up a small store**?**

10. ゴルフクラブの会員になるのにいくらかかりますか？
    How much does it cost to sign up for a golf club membership**?**

＊1. ソファ　couch　3. 収納スペース　storage space　4. 金の延べ棒　gold bar　7. 〜を改築する　remodel

How many times do I have to 〜?

何回〜しなければならないのですか?

同じことが何度も繰り返され、うんざりしていると伝えるときに使うパターンです。How manyの後には、このパターンのtimes（回）のように複数名詞が続きます。

Example

A Will you go out with me, Kate?　僕とデートしない、ケート?
B How many times do I have to say no?　何回いやだと言わなければならないの?
A How come you keep saying no?　どうしてずっといやだと言うの?
B How come you keep asking?　どうしてずっと聞き続けるの?

＊how come　どうして

1. 何回彼に謝らなければならないのですか?
   How many times do I have to apologize to him**?**

2. 何回あなたの猫の世話をしなければならないのですか?
   How many times do I have to take care of your cats**?**

3. 何回リマインドしなければならないのですか?
   How many times do I have to remind you**?**

4. 何回いやだと言わなければならないのですか?
   How many times do I have to say no**?**

5. 何回あなたに小言を言わなければならないのですか?
   How many times do I have to nag you**?**

6. 何回あなたの報告書をコピーしなければならないのですか?
   How many times do I have to copy your report**?**

7. 何回、釈明しなければならないのですか?
   How many times do I have to explain myself**?**

8. 何回早起きするようお願いしなければならないのですか?
   How many times do I have to ask you to get up early**?**

9. 成功するまでに何回試みなければならないのですか?
   How many times do I have to try before I succeed**?**

10. 寝室を掃除しろと何回言わなければならないのですか?
    How many times do I have to tell you to clean your bedroom**?**

＊1. 謝る　apologize　2. 〜の世話をする　take care of 〜　5. 〜に小言を言う　nag　7. 釈明する　explain oneself

(MP3 192) How often do you ～?

どのくらいの頻度で～しますか?

oftenは「しばしば、頻繁に」という意味の頻度を表す副詞です。そして、How often do you ～?で、どのくらいの頻度で相手がその行為を行っているかを尋ねるパターンになります。

A I love the grilled lobsters at this restaurant.　このレストランのロブスターのグリルが気に入ってるんだ。

B How often do you eat here?　どれくらいの頻度でここで食事するの?

A At least twice a month.　少なくとも１カ月に2回。

B It must be really good.　本当においしいに違いないわね。

＊at least　少なくとも

1. どのくらいの頻度で運動しますか?
   How often do you work out**?**

2. どのくらいの頻度で読書しますか?
   How often do you read**?**

3. どのくらいの頻度で音楽を聞きますか?
   How often do you listen to music**?**

4. どのくらいの頻度でたばこを吸いますか?
   How often do you smoke**?**

5. どのくらいの頻度でゴルフをしますか?
   How often do you play golf**?**

6. どのくらいの頻度でここで食事しますか?
   How often do you eat here**?**

7. どのくらいの頻度で入浴しますか?
   How often do you take a bath**?**

8. どのくらいの頻度でファストフードを食べますか?
   How often do you eat fast food**?**

9. どのくらいの頻度で海外に行きますか?
   How often do you go overseas**?**

10. どのくらいの頻度でそこに自転車に乗って行きますか?
    How often do you ride your bike there**?**

＊1. 運動する　work out　7. 入浴する　take a bath

How long does it take ～?
～にどのくらい時間がかかりますか?

takeは「～の時間を要する」、how longは長さや期間が「どのくらいか」という意味です。そして、How long does it take ～?で、何かを行う際の所要時間を尋ねます。移動の際に多用されます。

Example

A How long does it take to finish your medical checkup?　健康診断を終えるのにどのくらい時間がかかりますか?
B About three hours.　約3時間です。
A Oh, that's quite long.　おや、とても長いですね。
B I wish it weren't mandatory, but it is.　義務ではないといいのですが、そうなんです。

＊medical checkup 健康診断／mandatory 義務的な

1. 1マイル歩くのにどのくらい時間がかかりますか?
   How long does it take to walk a mile?

2. 皿洗いするのにどのくらい時間がかかりますか?
   How long does it take to wash the dishes?

3. キュウリを収穫するのにどのくらい時間がかかりますか?
   How long does it take to harvest the cucumbers?

4. 車を点検するのにどのくらい時間がかかりますか?
   How long does it take to check my car?

5. 髪を染めるのにどのくらい時間がかかりますか?
   How long does it take to dye my hair?

6. バスで会社まで行くのにどのくらい時間がかかりますか?
   How long does it take to get to work by bus?

7. 健康診断を終えるのにどのくらい時間がかかりますか?
   How long does it take to finish your medical checkup?

8. 水泳の基礎を習うのにどのくらい時間がかかりますか?
   How long does it take to learn the basics of swimming?

9. 近所を散歩するのにどのくらい時間がかかりますか?
   How long does it take to walk around your neighborhood?

10. 交通渋滞の中、10マイル進むのにどのくらい時間がかかりますか?
    How long does it take to go 10 miles in heavy traffic?

＊3. キュウリ cucumber／～を収穫する harvest　5. ～を染める dye　8. 基礎を習う learn the basics
　10. 交通渋滞 heavy traffic

How long will you ～?

どのくらいの間～するつもりですか?

どのくらいの期間かを尋ねる how long と、「～するつもりだ」という意味の助動詞 will を含むパターンです。ある行為をどれだけ続けるつもりかを尋ねるパターンです。

Example

A What do you think of living in the city?　都市で暮らすことついてどう思う?
B I totally love it. It's so convenient.　本当にいいわ。とても便利だし。
A How long will you live in Boston?　どのくらいの間、ボストンで暮らすつもり?
B Maybe for the rest of my life!　多分、残りの人生ずっとね!

＊convenient　便利な

1. どのくらいの間、働くつもりですか?
   How long will you work?

2. どのくらいの間、勉強をするつもりですか?
   How long will you study for?

3. どのくらいの間、討論するつもりですか?
   How long will you have a discussion for?

4. どのくらいの間、眠るつもりですか?
   How long will you sleep?

5. どのくらいの間、彼を支援するつもりですか?
   How long will you assist him?

6. どのくらいの間、そこにいるつもりですか?
   How long will you be there?

7. どのくらいの間、留学するつもりですか?
   How long will you study abroad?

8. どのくらいの間、ボストンで暮らすつもりですか?
   How long will you live in Boston?

9. どのくらいの間、コーエンの家に滞在するつもりですか?
   How long will you stay at Cohen's?

10. どのくらいの間、事業を営むつもりですか?
    How long will you run your business?

＊3. 討論する　have a discussion　5. ～を支援する　assist　7. 留学する　study abroad
　10. 事業を営む　run one's business

How long have you been 〜?

〜してどのくらいたちましたか／どのくらい〜していますか？

期間を尋ねるhow longと、継続の意味を持つ現在完了形のhave beenとで、現在行っている行為を、どれだけの期間、続けてきたかを尋ねるパターンです。

Example

A How long have you been traveling in Europe?　ヨーロッパをどのくらい旅行していますか？

B It's been more than two months.　2カ月以上です。

A Wow! That's great! Where are you headed for next?　わあ！　すごいですね！　次はどこへ行くんですか？

B I'm catching a night train for Frankfurt.　フランクフルト行きの夜行列車に乗る予定です。

＊head for 〜　〜へ行く

1. 病気になってどのくらいたちましたか？
   How long have you been sick?

2. 医者になってどのくらいたちましたか？
   How long have you been a doctor?

3. どのくらい運転していますか？
   How long have you been driving?

4. 婚約してどのくらいたちましたか？
   How long have you been engaged?

5. どのくらい就職活動をしていますか？
   How long have you been hunting for a job?

6. この会社に勤めてどのくらいたちましたか？
   How long have you been working for this company?

7. 彼の電話をどのくらい待っていますか？
   How long have you been waiting for his call?

8. このワンルームマンションに住んでどのくらいたちましたか？
   How long have you been living in this studio?

9. ヨーロッパをどのくらい旅行していますか？
   How long have you been traveling in Europe?

10. その銀行で働いてどのくらいたちましたか？
    How long have you been working at the bank?

＊5. 就職活動をする　hunt for a job　8. ワンルームマンション　studio

196

MP3 196 How soon can ～?
どのくらい早く／早ければいつ～できますか？

soonは「もうすぐ」という意味の副詞で、How soon can ～?で、あることを行うことができる一番早い時期を尋ねることができます。

Example

A I'd like to make an appointment with Doctor Jones for tomorrow.　明日、ジョーンズ先生の予約をしたいのですが。
B What time would you like?　何時がよろしいですか？
A How soon can I see him?　早ければいつ診てもらえますか？
B He's fully booked tomorrow morning. The earliest would be 2:30 p.m.　明日の午前中は予約がいっぱいです。一番早いのが午後2時30分です。

＊fully booked　予約がいっぱいである

1. どのくらい早く家に着けますか？
   How soon can you get home**?**

2. どのくらい早く返事できますか？
   How soon can you reply**?**

3. 早ければいつコンピューターを直してもらえますか？
   How soon can you repair my computer**?**

4. 早ければいつ診てもらえますか？
   How soon can I see him**?**

5. どのくらい早くチェックインできますか？
   How soon can I check in**?**

6. どのくらい早く退院できますか？
   How soon can I leave the hospital**?**

7. どのくらい早く仕上げることができますか？
   How soon can you finish**?**

8. どのくらい早く迎えに来られますか？
   How soon can you pick me up**?**

9. どのくらい早くシアトルへ出発できますか？
   How soon can we leave for Seattle**?**

10. 早ければいつ飲みに行けますか？
    How soon can you go for a drink**?**

＊3. ～を直す　repair　9. ～へ出発する　leave for ～　10. 飲みに行く　go for a drink

How far ～?

どのくらいの距離～？

farは「離れて」という意味の副詞で、How far ～?で、二つの地点間の距離を尋ねるときのパターンになります。旅先で目的地までの距離を尋ねるときなどに使われます。

Example

A Excuse me. How far is it to the ABC Hotel? すみません。ABCホテルまでどのくらいの距離ですか？

B You only need to walk down along this road two blocks more. この道に沿って2ブロック歩くだけですよ。

A I see. How long do you think it'll take? 分かりました。時間はどれだけかかりそうですか？

B About five minutes. You can't miss it. 5分くらいです。すぐ分かりますよ。

＊You can't miss it. すぐ分かる（見落としようがない）。

1. 図書館はどのくらいの距離ですか？
   How far is the library?

2. ワシはどのくらいの距離を見ることができますか？
   How far can eagles see?

3. どのくらい距離までピザの配達をしますか？
   How far away do you deliver pizzas?

4. どのくらいの距離にいますか？
   How far are you?

5. 光はどのくらい距離を移動しますか？
   How far can light travel?

6. あなたの中学校はどのくらいの距離にありますか？
   How far is your middle school?

7. ABCホテルまでどのくらいの距離ですか？
   How far is it to the ABC Hotel?

8. 地球から火星までどのくらいの距離ですか？
   How far is it from Earth to Mars?

9. 明日どのくらいの距離を車で移動しますか？
   How far will we drive tomorrow?

10. 彼はどのくらい遠くまで野球のボールを投げられますか？
    How far can he throw a baseball?

＊2. ワシ eagle 3. ～を配達する deliver 8. 火星 Mars

Part 5

ネイティブが駆使する
高難度のパターン

概念はきちんと理解しているものの、実際にはなかなか口から出てこない表現。
Part 5では、ネイティブが好んで使う表現でありながら、
文法が複雑なせいで使いこなせなかったパターンを学びます。
こうしたパターンが口をついて出るようになったら、あなたも英語の達人です。

Unit 30

should

shouldは、「～した方がいい」「～すべきです」と、
相手に勧めるときに使う助動詞です。
must、have to、had betterなど、
相手の行動を促す助動詞はいくつもありますが、
shouldはどのようなニュアンスで使われるか、
それを使った例文で体得しましょう。

198 Maybe we should ～.
　　～した方がいいかもしれません。

199 You should try to ～.
　　～するように努めるべきです。

200 I should have+過去分詞 ～.
　　～するべきでした。

201 You shouldn't ～.
　　～すべきではありません。

202 What should I ～?
　　何を～すべきでしょうか?

MP3 198 Maybe we should 〜.

〜した方がいいかもしれません。

maybeは「〜かもしれません」という意味の副詞で、確実ではないことを表します。shouldは「〜した方がいい」と助言する助動詞ですが、maybeを加えることで、意味を和らげています。

Example

A　I think I'm gaining weight.　体重が増えてるみたい。
B　Do you? I wouldn't mind being a bit lighter myself.　そう？　僕自身、少し減らすのも悪くないかな。
A　Maybe we should go on a diet.　食事制限した方がいいかもね。
B　It'd be easier to do some exercise.　少し運動する方が簡単じゃないかな。

＊go on a diet　食事制限する

1. 旅行を延期した方がいいかもしれません。
   Maybe we should delay our trip.

2. ローンを申し込んだ方がいいかもしれません。
   Maybe we should apply for a loan.

3. 食事を減らしてもっと歩いた方がいいかもしれません。
   Maybe we should eat less and walk more.

4. 明日まで待った方がいいかもしれません。
   Maybe we should wait till tomorrow.

5. 食事制限した方がいいかもしれません。
   Maybe we should go on a diet.

6. 上司に相談した方がいいかもしれません。
   Maybe we should talk to our boss.

7. 法的な助言を受けた方がいいかもしれません。
   Maybe we should get legal advice.

8. 医者に行った方がいいかもしれません。
   Maybe we should go to the doctor's.

9. カーナビを使った方がいいかもしれません。
   Maybe we should use our car navigation system.

10. 賃貸料について聞いた方がいいかもしれません。
    Maybe we should ask about the rental fee.

＊1. 〜を延期する　delay　2. ローンを申し込む　apply for a loan　7. 法的な助言　legal advice　10. 賃貸料　rental fee

You should try to ～.

～するように努めるべきです。

You should try to ～.は、結果は分からないものの、一度試してみるべきだと、やや強めに相手に勧めるときに使うパターンです。

Example

A Do you want to go out for dinner? 夕食は外食する？
B I can't afford it. そんなお金ないけど。
A You should try to find a new job. 新しい仕事を探すようにしなさいよ。
B I've been looking. ずっと探してるよ。

1. 健康維持に努めるべきです。
   You should try to stay in shape.

2. お金の節約に努めるべきです。
   You should try to save some money.

3. 彼に理解してもらえるように努めるべきです
   You should try to get him to understand.

4. 新しい仕事を探すように努めるべきです。
   You should try to find a new job.

5. わたしたちの信頼を得るように努めるべきです。
   You should try to gain our trust.

6. 彼女と連絡を取るように努めるべきです。
   You should try to get in touch with her.

7. 経費を削減するように努めるべきです。
   You should try to reduce costs.

8. 前倒しで借金を返済するように努めるべきです。
   You should try to pay your debts sooner.

9. 丸一日、食事なしで済ませるように努めるべきです。
   You should try to go without eating all day.

10. 爪をかまないように努めるべきです。
    You should try to stop biting your nails.

＊1. 健康を維持する　stay in shape　6. ～と連絡を取る　get in touch with ～　9. ～なしで済ませる　go without ～
10. ～をかむ　bite

200

MP3 200 | I should have ＋過去分詞 ～.
～するべきでした。

「should have ＋過去分詞」は「～するべきだった（のにしなかった）」という意味で、過去を振り返り、後悔を表すパターンです。

Example

A It's snowed a lot. Everywhere is covered.　雪がたくさん降ったね。一面に積もってる。
B I think the roads will be getting slippery.　道路が滑りやすくなってるんじゃない。
A I should have left earlier.　もっと早く出発するべきだったね。
B You'll be OK if you drive slowly.　ゆっくり運転すれば大丈夫よ。

＊slippery　滑りやすい

1. 叔父を訪ねるべきでした。
   I should have visited my uncle.

2. そのことを誰かに尋ねるべきでした。
   I should have asked someone about it.

3. あなたのメッセージを彼に送るべきでした。
   I should have sent him your message.

4. もっと早く出発するべきでした。
   I should have left earlier.

5. お酒をやめるべきでした。
   I should have given up drinking.

6. お金をもっと貯めるべきでした。
   I should have saved more money.

7. 彼らがけんかするのを止めるべきでした。
   I should have stopped them from fighting.

8. 前兆に気づくべきでした。
   I should have noticed the warning signs.

9. レンジから鍋を片付けるべきでした。
   I should have removed the pot from the stove.

10. 昨日、医者に行くべきでした。
    I should have gone to the doctor's yesterday.

＊5. ～をやめる　give up ～　8. 前兆　warning sign　9. レンジ　stove／鍋　pot

Part 5　Unit 30　should

You shouldn't ～.

～すべきではありません。

ある行為をしないように相手に伝えるパターンです。Don't ～.やYou must not ～.ほど直接的な禁止ではありませんが、親が子どもに対するときなど、目上の人が使うと、禁止のニュアンスが強まります。

Example

A I'm so angry I could scream.　すごく腹が立って叫びそうだよ。
B You shouldn't lose your temper.　激怒すべきではないわ。
A My boss just fired me.　たった今、上司が僕を解雇したんだ。
B Did you try talking to him?　彼と話し合おうとした？

＊ lose one's temper　激怒する

1. 彼にお金を貸すべきではありません。
   You shouldn't lend money to him.

2. どこででも見知らぬ人について行くべきではありません。
   You shouldn't follow strangers anywhere.

3. ここで曲がるべきではありません。
   You shouldn't turn here.

4. 激怒すべきではありません。
   You shouldn't lose your temper.

5. 道路で遊ぶべきではありません。
   You shouldn't play on the street.

6. 彼女に毎日会うべきではありません。
   You shouldn't see her every day.

7. 夜遅く散歩に出掛けるべきではありません。
   You shouldn't go for a walk late at night.

8. 制限速度を超えて運転すべきではありません。
   You shouldn't drive over the speed limit.

9. 予約なしで来るべきではありません。
   You shouldn't show up without a reservation.

10. そんなに自分を責めるべきではありません。
    You shouldn't blame yourself so much.

＊1. ～にお金を貸す　lend money to ～　2. 見知らぬ人　stranger
8. 制限速度を超えて運転する　drive over the speed limit　9. 予約なしで　without a reservation／来る　show up

What should I ～?

何を～すべきでしょうか?

「何」という意味のwhatとI shouldが組み合わさり、自分が何をすべきか助言を求めるときに使うパターンです。

Example

A Have you ever been here before?　前にここに来たことある?

B Yes, I have. I'm a regular.　ええ、あるわ。常連なの。

A What should I order?　何を注文すべきかな?

B The chicken tikka masala is a must-eat dish.　チキンティッカマサラは必ず食べるべき料理よ。

* chicken tikka masal　チキンティッカマサラ (鶏肉カレーの一種) ／must-eat　必ず食べるべき

1. 何を言うべきでしょうか?
   What should I say?

2. 彼女に何をあげるべきでしょうか?
   What should I give her?

3. デザートに何を食べるべきでしょうか?
   What should I eat for dessert?

4. 何をすべきでしょうか?
   What should I do?

5. 何を持ってくるべきでしょうか?
   What should I bring?

6. 何を注文すべきでしょうか?
   What should I order?

7. 何を飲むべきでしょうか?
   What should I get to drink?

8. 今夜、何を着るべきでしょうか?
   What should I wear tonight?

9. 彼らに何について話すべきでしょうか?
   What should I talk to them about?

10. ピクニックに何を準備するべきでしょうか?
    What should I prepare for the picnic?

Part 5　Unit 30　should

Unit **31**

have to, had better

have toとhad betterはどちらも強く勧める助動詞で、shouldよりも強いニュアンスです。
特にhad betterは、勧めに従わないと問題があるというニュアンスもあります。
have to、had betterを含んだ例文で、その使い方を確認しましょう。

203 I've got to 〜.
　　〜しなければなりません。

204 I have to say 〜.
　　〜と言わざるを得ません。

205 You'll have to 〜.
　　〜することになります。

206 You don't have to 〜.
　　〜する必要はありません。

207 Do I have to 〜?
　　〜しないといけませんか?

208 What do I have to 〜?
　　何を〜しないといけませんか?

209 The first thing we have
　　to do is 〜.
　　まずしなければならないことは、
　　〜です。

210 You'd better 〜.
　　〜した方がいいですよ。

211 You'd better not 〜.
　　〜しない方がいいですよ。

212 I think we'd better 〜.
　　〜した方がいいと思います。

I've got to 〜.

〜しなければなりません。

I've got toはI have got toの短縮形で、I have toと同じ意味です。状況的にしなければならないことや、義務または規則上しなければならないことを述べるときに使います。

Example

A Do you want another drink?　もう1杯飲む？
B No, thanks. I should get going.　いいえ、やめておく。もう行かなくちゃ。
A Why are you leaving so early?　どうしてこんなに早く帰るの？
B I've got to catch my train.　電車に乗らないといけないの。

＊get going　出発する

1. 免許証を更新しなければなりません。
   I've got to renew my driver's licence.

2. 新しいコンピューターを買わなければなりません。
   I've got to buy a new computer.

3. 彼女を病院に連れて行かなければなりません。
   I've got to take her to the hospital.

4. もう行かなければなりません。
   I've got to get going now.

5. 電車に乗らなければなりません。
   I've got to catch my train.

6. 試験に合格しなければなりません。
   I've got to pass the exam.

7. 店でいくつか買い物をしなければなりません。
   I've got to get a few things at the store.

8. 会議に出席しなければなりません。
   I've got to attend a meeting.

9. 新しい仕事に慣れなければなりません。
   I've got to get used to my new job.

10. 飛行機のチケットを3枚予約しなければなりません。
    I've got to book three airplane tickets.

＊1. 〜を更新する　renew　6. 試験に合格する　pass the exam　9. 〜に慣れる　get used to 〜

Part 5　Unit 31　have to, had better

I have to say 〜.

〜と言わざるを得ません。

I have to say 〜.は、言いにくいことを言う際の前置きに使われるパターンで、仕事などで役立つ表現です。また、「本当に〜です」というニュアンスで、say以下を強調する表現にもなります。

Example

A Is that a new dress? それ、新しいドレス？
B Yes. I bought it last week. ええ。先週買ったの。
A I have to say you look gorgeous today. 今日の君はゴージャスに見えると言わざるを得ないよ。
B Thank you. ありがとう。

---

1. もっと期待していたと言わざるを得ません。
   I have to say I expected more.

2. 考えが甘いと言わざるを得ません。
   I have to say you're too naïve.

3. 彼のためにあらゆることをしたと言わざるを得ません。
   I have to say I did everything for him.

4. 彼はわたしのタイプだと言わざるを得ません。
   I have to say he is my type.

5. あなたには失望させられたと言わざるを得ません。
   I have to say you disappointed me.

6. わたしたちは幸運だったと言わざるを得ません。
   I have to say that we were lucky.

7. そんなに悪くないと言わざるを得ません。
   I have to say that's not too bad.

8. 今日のあなたはゴージャスに見えると言わざるを得ません。
   I have to say you look gorgeous today.

9. よい提案をするねと言わざるを得ません。
   I have to say you have good suggestions.

10. ほかのジーンズの方がよく似合うと言わざるを得ません。
    I have to say the other jeans look better on you.

＊2. 考えが甘い naïve 5. 〜を失望させる disappoint

You'll have to 〜.
〜することになります。

現在する必要がなくても、将来する必要があると思われることを伝えるパターンです。相手が気付いていない場合、忠告や警告の役割を果たします。

Example

A I got into a car accident yesterday.　昨日、交通事故に遭った。
B That's terrible! Are you OK?　それは大変！　大丈夫？
A Yes. But my car can't be fixed.　うん、でも車は修復不可能なんだ。
B You'll have to buy a new one.　新しいのを買うことになるわね。

1. そのバスに乗ることになります。
   You'll have to take the bus.

2. ここで左折することになります。
   You'll have to turn left here.

3. 入場するにはスーツを着ることになります。
   You'll have to wear a suit to get in.

4. それにサラダを添えることになります。
   You'll have to get a salad with it.

5. 新しいのを買うことになります。
   You'll have to buy a new one.

6. サングラスを掛けることになります。
   You'll have to wear sunglasses.

7. 彼のプロジェクトを引き継ぐことになります。
   You'll have to take over his project.

8. わたしと取引することになります。
   You'll have to make a deal with me.

9. それを直すことになります。
   You'll have to get it fixed.

10. 毎週数日、夜に働くことになります。
    You'll have to work a few evenings each week.

＊7. ~を引き継ぐ　take over ~　8. ~と取引する　make a deal with ~

Part 5　Unit 31　have to, had better

You don't have to 〜.

〜する必要はありません。

状況や規則などにより「〜しなければならない」、というhave to 〜の否定形であるdon't have toは、「〜する必要はない」という意味になります。相手に対する寛大な態度を示すときにも使われます。

Example

A I've just finished checking in our luggage.　今、僕たちの荷物を預けたよ。

B Good. Now I'll get our boarding passes.　いいわね。じゃあ搭乗券を受け取ってくるわ。

A You don't have to get them. I already have.　それを受け取る必要はないよ。僕がもう持ってる。

B OK. Let's go through the security check.　分かった。保安検査を受けましょう。

＊luggage　荷物／boarding pass　搭乗券

1. 急ぐ必要はありません。
You don't have to hurry up.

2. わたしと一緒に来る必要はありません。
You don't have to come with me.

3. わたしの宿題を手伝う必要はありません。
You don't have to help me with my homework.

4. 謝る必要はありません。
You don't have to apologize.

5. 早起きする必要はありません。
You don't have to get up early.

6. わたしにお金を返す必要はありません。
You don't have to pay me back.

7. 彼の荷物を動かす必要はありません。
You don't have to move his baggage.

8. 今日、学校に行く必要はありません。
You don't have to go to school today.

9. それを受け取る必要はありません。
You don't have to get them.

10. ウエーターにチップを渡す必要はありません。
You don't have to give a tip to the waiter.

＊1.急ぐ　hurry up　4.謝る　apologize　6.〜にお金を返す　pay 〜 back　7.荷物　baggage

207

MP3 207 # Do I have to 〜?

〜しないといけませんか？

好ましくないことをしなければならない、規定で義務付けられている、相手が強く求めているなど、さまざま状況で使うことができるパターンです。

Example

A I can't stand our new boss.　新しい上司には耐えられないよ。
B We have to have a lunch meeting with him today.　わたしたち今日、彼とランチミーティングをしなければならないの。
A Do I have to go as well?　僕も行かないといけない？
B It would be good if you did.　そうした方がいいわ。

1. 週末、働かないといけませんか？
   Do I have to work weekends?

2. 契約しないといけませんか？
   Do I have to make a contract?

3. 順番待ちリストに載らないといけませんか？
   Do I have to go on the waiting list?

4. Uターンしないといけませんか？
   Do I have to turn around?

5. プレゼントを持参しないといけませんか？
   Do I have to bring a present?

6. 靴を脱がないといけませんか？
   Do I have to take off my shoes?

7. 試験監督をしないといけませんか？
   Do I have to supervise the exam?

8. わたしも行かないといけませんか？
   Do I have to go as well?

9. 身分証明書を見せないといけませんか？
   Do I have to show my identification?

10. アイスクリームを食べるなら列に並ばないといけませんか？
    Do I have to stand in line for ice cream?

＊2. 契約する　make a contract　3. 順番待ちリストに載る　go on a waiting list　6. 〜を脱ぐ　take off 〜
　7. 〜を監督する　supervise　9. 身分証明書　identification　10. 列に並ぶ　stand in line

Part 5　Unit 31　have to, had better

What do I have to 〜?

何を〜しないといけませんか?

前ページのDo I have to 〜?の前に、疑問詞what (何) が付いたパターンです。話者がすべきことが何なのか質問するときに使います。会議や打ち合わせなどで多用されます。

A What time does Tom's wedding start?　トムの結婚式は何時に始まるんだっけ?
B It starts at 3 p.m.　午後3時に始まるわ。
A What do I have to wear?　何を着ないといけないかな?
B You have to wear a suit and tie.　スーツとネクタイ着用よ。

1. 最初に何を料理しないといけないですか?
What do I have to cook first**?**

2. 彼に何をするよう頼まないといけないですか?
What do I have to ask him to do**?**

3. 今、何をしないといけないですか?
What do I have to do now**?**

4. 何を着ないといけないですか?
What do I have to wear**?**

5. 何を聞かないといけないですか?
What do I have to listen to**?**

6. 何を捨てないといけないですか?
What do I have to throw away**?**

7. 彼女に何を渡さないといけないですか?
What do I have to hand to her**?**

8. 犬に何を食べさせないといけないですか?
What do I have to feed my dog**?**

9. 面接官に何を見せないといけないですか?
What do I have to show the interviewer**?**

10. 試験当日は何を持って行かないといけないですか?
What do I have to bring on the examination day**?**

＊6. 〜を捨てる　throw away 〜　9. 面接官　interviewer

🎧 The first thing we have to do is 〜.

まずしなければならないことは、〜です。

first thing we have toは「まずしなければならないこと」という意味です。ですので、しなければならないことが幾つかある場合に、最初に処理すべきことを伝えるパターンです。

Example

A We have to set our kids a better example.　わたしたち、子どもたちにもっとよい手本を示さないとね。

B How can we do that?　どうすればできるのかな？

A The first thing we have to do is eat healthier.　まずしなければならないことは、もっと健康的なものを食べることね。

B You're right. We should.　そのとおりだね。そうすべきだね。

＊set a better example　よりよい手本を示す

1. まずしなければならないことは、トイレを探すことです。
The first thing we have to do is find a toilet.

2. まずしなければならないことは、新しい友達を作ることです。
The first thing we have to do is make new friends.

3. まずしなければならないことは、あなたのお母さんを落ち着かせることです。
The first thing we have to do is calm your mom down.

4. まずしなければならないことは、払い戻しを受けることです。
The first thing we have to do is get a refund.

5. まずしなければならないことは、もっと健康的なものを食べることです。
The first thing we have to do is eat healthier.

6. まずしなければならないことは、芝生を刈ることです。
The first thing we have to do is mow the grass.

7. まずしなければならないことは、スーツケースを詰めることです。
The first thing we have to do is pack our suitcases.

8. まずしなければならないことは、データを分類することです。
The first thing we have to do is sort through the data.

9. まずしなければならないことは、この部屋を暖かくすることです。
The first thing we have to do is get this room warm.

10. まずしなければならないことは、天気予報を調べることです。
The first thing we have to do is check out the weather forecast.

＊3. 〜を落ち着かせる　calm 〜 down　4. 払い戻しを受ける　get a refund　6. 芝生を刈る　mow the grass
8. 〜を分類する　sort through 〜　10. 天気予報　weather forecast／〜を調べる　check out 〜

You'd better ～.

～した方がいいですよ。

had betterはすべきことをアドバイスするときに使う表現です。そうしないと問題が起こるというニュアンスがあり、shouldより強い表現です。日常会話ではyou had betterをyou'd betterと縮めて言います。

Example

A I heard eating too much ham can cause cancer.　ハムの食べ過ぎが、がんの原因になりかねないって聞いたけど。

B That's shocking! I've loved eating ham since I was a child.　衝撃的よね！　子どものころからハムを食べるのが好きだったのに。

A You'd better stop then.　じゃあ、やめた方がいいね。

B OK, I think I will.　分かった、そうするわ。

1. ここで待った方がいいですよ。
You'd better wait here.

2. 規則正しい食事をした方がいいですよ。
You'd better eat regular meals.

3. 彼に直接話した方がいいですよ。
You'd better talk to him in person.

4. 彼女に尋ねた方がいいですよ。
You'd better ask her.

5. 授業をサボらない方がいいですよ。
You'd better stop cutting class.

6. GPSを買った方がいいですよ。
You'd better get a GPS.

7. パスポートを新たに申請した方がいいですよ。
You'd better apply for a new passport.

8. それを信じた方がいいですよ。
You'd better believe it.

9. じゃあ、それはやめた方がいいですよ。
You'd better stop then.

10. 親の言うことは聞いた方がいいですよ。
You'd better listen to your parents.

＊3. 直接　in person　5. 授業をサボる　cut class

You'd better not 〜.
〜しない方がいいですよ。

何かをやめるよう相手に警告したり注意したりするときに使うパターンです。ソフトなアドバイスというよりは、従わないと問題が起こるというニュアンスの表現です。

Example

A Do you think my opening bid is good enough?　僕の公開入札は十分よかったと思う？
B Not really. You'd better not go any higher.　そうでもないかな。もっと高くしない方がいいわね。
A What makes you say that?　どうしてそう言うの？
B Your first bid was too high. The car isn't worth it.　最初の指し値が高過ぎる。あの車はそれほどの価値はないわ。

＊opening bid　公開入札

1. わたしを怒らせない方がいいですよ。
   You'd better not get me upset.

2. 彼女のことを話さない方がいいですよ。
   You'd better not talk about her.

3. わたしの忠告を忘れない方がいいですよ。
   You'd better not forget my advice.

4. 彼に会わない方がいいですよ。
   You'd better not meet him.

5. 今すぐ出発しない方がいいですよ。
   You'd better not leave right now.

6. これ以上高くしない方がいいですよ。
   You'd better not go any higher.

7. 子どもを独りにしておかない方がいいですよ。
   You'd better not leave your kid alone.

8. わたしの提案を断らない方がいいですよ。
   You'd better not reject my suggestion.

9. その会議は欠席しない方がいいですよ。
   You'd better not be absent from the meeting.

10. 夜遅くには散歩に出ない方がいいですよ。
    You'd better not go out for a walk late at night.

＊1. 〜を怒らせる　get 〜 upset　7. 〜を独りにしておく　leave 〜 alone

I think we'd better ～.

～した方がいいと思います。

このパターンにもhad betterがあるので、「～した方がいい（しないと問題が起こる）」という意味が含まれています。I think ～と自分の考えを述べてはいますが、had betterの主語がweなので、自分と一緒にするよう相手に提案する表現です。

Example

A This restaurant is getting really busy.　このレストラン、本当に混んできたね。
B I think we'd better order quickly.　早く注文した方がいいと思うわ。
A That's a good idea.　いい考えだね。
B Let's scan the menu.　メニューをさっと見ましょう。

＊scan　～をさっと見る

1. 彼らを探した方がいいと思います。
   I think we'd better look for them.

2. 彼の計画を採決にかけた方がいいと思います。
   I think we'd better put his plan to a vote.

3. そのことを発表した方がいいと思います。
   I think we'd better make an announcement of it.

4. ベビーシッターを雇った方がいいと思います。
   I think we'd better hire a babysitter.

5. 早く注文した方がいいと思います。
   I think we'd better order quickly.

6. 仕様を見直した方がいいと思います。
   I think we'd better review the specification.

7. 傘を持って行った方がいいと思います。
   I think we'd better take our umbrellas with us.

8. どこか別の場所に行った方がいいと思います。
   I think we'd better go somewhere else.

9. 次のガソリンスタンドで満タンにした方がいいと思います。
   I think we'd better fill up at the next gas station.

10. ここでドルを円に両替した方がいいと思います。
    I think we'd better exchange our dollars for yen here.

＊2. ～を採決にかける　put ~ to a vote　3. 発表する　make an announcement　6. 仕様　specification
9. 満タンにする　fill up

have ＋ 過去分詞

「have＋過去分詞」は現在完了形で、日本語にはない時制です。
そのため、中学の英語の授業で理解に苦しんだ人も多いのではないでしょうか。
現在完了形を用いた文の多くは、「〜したことがある」という経験を表しますが、
「〜しました」という完了、「〜しています」という継続を表すこともあります。
どう使い分けたらいいか、実際の例文で見ていきましょう。

213 I've done 〜.
　　〜を済ませ／終えました。

214 I've heard 〜.
　　〜と聞きました。

215 I've decided to 〜.
　　〜することにしました。

216 I've been 〜.
　　〜したことがあります／ずっと〜して
　　います。

217 Have you ever been 〜?
　　〜したことがありますか?

218 Have you seen 〜?
　　〜を見ました／たことがありますか?

219 Have you heard 〜?
　　〜を聞きました／いたことがあります
　　か?

213

MP3 213 **I've done ～.**

～を済ませ／終えました。

日常会話でこのパターンは、I've finished ～.と同じように使われます。進行中だったことを済ませた、終えたという意味です。I'veはI haveを縮めた言い方です。

Example

A Are you going to help Mike?　マイクを手助けするの？
B I've done everything I can.　僕ができることは全てしたよ。
A So you're not going to help him?　だから彼を手助けしないつもり？
B There's nothing more I can do for him.　彼のためにこれ以上できることはないんだ。

1. わたしの分を済ませました。
I've done my share.

2. 宿題を済ませました。
I've done my homework.

3. 価値のあることを終えました。
I've done something worthwhile.

4. 報告書を済ませました。
I've done my report.

5. スクラップブック作りを終えました。
I've done some scrapbooking.

6. ハーフマラソンを終えました。
I've done a half marathon.

7. わたしができることを全て終えました。
I've done everything I can.

8. 1日分の仕事を全部終えました。
I've done all my work for the day.

9. わが家を改造し終えました。
I've done a remodeling of our house.

10. ベストプライスについての調査を終えました。
I've done my research on the best price.

＊3. 価値のある　worthwhile　5. スクラップブック作り　scrapbooking

I've heard ～.
～と聞きました。

自分が聞いていたことを相手に話すときに使うパターンです。例えば、初対面の挨拶を交わす人にI've heard a lot about you.と言えば、「おうわさはかねがね伺っております」という意味になります。

Example

A Do you happen to know Stacy Stewart?　ひょっとしてステイシー・スチュワートを知ってる？
B Sure. She's one of my best friends.　もちろん。一番仲のいい友達のうちの1人よ。
A I've heard she's not very easy to work with.　彼女は一緒に仕事をしにくいって聞いたけど。
B What are you talking about? She's great.　何を言ってるの？　彼女は素晴らしいわ。

＊happen to ～　ひょっとして～する

1. 息子さんが聡明だと聞きました。
I've heard your son is brilliant.

2. デニスがトカゲを飼っていると聞きました。
I've heard Dennis keeps lizards.

3. 昨夜、地震があったと聞きました。
I've heard there was an earthquake last night.

4. 彼女は一緒に仕事をしにくいと聞きました。
I've heard she's not easy to work with.

5. キャロルは左利きだと聞きました。
I've heard Carol is left-handed.

6. 彼らは素晴らしいと聞きました。
I've heard they are amazing.

7. 今のところわが社がベストプライスだと聞きました。
I've heard we have the best prices right now.

8. 弟さんはとても社交的だと聞きました。
I've heard your brother is really sociable.

9. スカッシュが健康を保つのにいいと聞きました。
I've heard squash is good for keeping fit.

10. コロラドはリゾート休暇に行くのに最高の場所だと聞きました。
I've heard Colorado is the best place to go for a resort vacation.

＊1. 聡明な　brilliant　2. トカゲ　lizard　5. 左利き　left-handed　8. 社交的な　sociable　9. 健康を保つ　keep fit

Part 5　Unit 32　have＋過去分詞

(MP3 215) I've decided to ～.

～することにしました。

決定を下した内容について話すこのパターンは、I decided ～としても意味は変わりませんが、決定を下すまでいろいろ考えてきたということが、現在完了形を使うことで強調されます。

Example

A I've decided to study abroad. 留学することにしたわ。

B Where are you going to study? どこで勉強するの？

A I'm thinking of trying for Stanford in the U.S. 米国のスタンフォード大学に挑戦してみようかと思ってる。

B I envy you. Good luck! うらやましいな。うまくいくといいね！

---

1. その仕事に応募することにしました。
   I've decided to apply for the job.

2. 料理教室を受講することにしました。
   I've decided to take cooking lessons.

3. この夏のクルーズを予約することにしました。
   I've decided to book a cruise for this summer.

4. 留学することにしました。
   I've decided to study abroad.

5. その会社に入社することにしました。
   I've decided to join the company.

6. この冬、スキー旅行を計画することにしました。
   I've decided to plan a ski trip this winter.

7. ロースクールに行くことにしました。
   I've decided to go to law school.

8. 仕事中は受話器を外しておくことにしました。
   I've decided to leave my phone off during work.

9. ワンルームマンションを賃貸することにしました。
   I've decided to rent a studio apartment.

10. 上級コースに登録することにしました。
    I've decided to enroll in the advanced course.

＊9. ワンルームマンション studio apartment／～を賃貸する rent 10. 上級の advanced／～に登録する enroll in ～

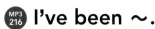

I've been ～.

～したことがあります／ずっと～しています。

過去から現在まで、継続している状態や経験を表すパターンです。また、このパターンの後に現在分詞が続くと、現在完了進行形となり、過去から現在まで継続している行為を表します。

Example

A How have you been, Sophia?　元気にしてた、ソフィア？
B I've been sick in bed for a week.　具合が悪くて1週間、ずっと寝込んでいるの。
A Oh, are you feeling any better now?　えっ、それで少しは良くなった？
B Yes, I am. I feel good enough to take a walk.　ええ。散歩できるくらいには良くなったわ。

1. ボートに乗ってずっと釣りをしています。
   I've been fishing on the boat.

2. このたこを上げようとずっと苦労しています。
   I've been trying to fly this kite.

3. 数回乗ったことがあります。
   I've been on a few.

4. スキーを数回したことがあります。
   I've been skiing a few times.

5. 具合が悪くて1週間、ずっと寝込んでいます。
   I've been sick in bed for a week.

6. 転職しようかとずっと考えています。
   I've been thinking of changing jobs.

7. 彼女を1時間ずっと待っています。
   I've been waiting for her for an hour.

8. それで気が散りすぎていたことがあります。
   I've been too distracted by it.

9. 不動産価格についてずっと調べています。
   I've been inquiring about the price of real estate.

10. 鍵をずっと探し回っています。
    I've been looking all over for keys.

＊2. たこ　kite　8. 気が散る　distracted　9. 不動産　real estate　10. ～を探し回る　look all over for ～

Part 5　Unit 32　have＋過去分詞

Have you ever been 〜?
〜したことがありますか?

everは否定文、疑問文、ifなどの条件節で、「これまでに」という意味になります。ですから、everが入った現在完了の文は、今までやったことがあるかどうかの経験を表します。

Example

A Have you ever been homesick?　ホームシックになったことはある?

B I feel homesick every time I go abroad, if it's for more than a week.　1週間以上外国に行くと、いつもホームシックになるよ。

A How do you get over it?　どうやって克服してる?

B I try and get some Japanese food.　日本料理を食べるようにしてる。

＊get over 〜　〜を克服する

1. スキーをしたことがありますか?
   Have you ever been skiing?

2. 学級委員長をしたことがありますか?
   Have you ever been the class president?

3. クルーズをしたことがありますか?
   Have you ever been on a cruise?

4. お金持ちと呼ばれたことがありますか?
   Have you ever been called rich?

5. 犬にかまれたことがありますか?
   Have you ever been bitten by a dog?

6. 銀行の融資を断られたことがありますか?
   Have you ever been turned down for a bank loan?

7. 誰かに愛されたことがありますか?
   Have you ever been loved by someone?

8. 友達から無視されたことがありますか?
   Have you ever been disregarded by your friends?

9. ヨーロッパに行ったことがありますか?
   Have you ever been to Europe?

10. ホームシックになったことはありますか?
    Have you ever been homesick?

＊2. 学級委員長　class president　8. 〜を無視する　disregard

Have you seen ～?
～を見ました／たことがありますか?

特定の人やもの、現象などを、これまで見たことがあるかどうかを尋ねるパターンです。today（今日）、this morning（今朝）など、期間を表す言葉が伴うと、その期間内で見たかどうかを尋ねています。

Example

A Have you seen the weather forecast?　天気予報を見た？

B Yes, I have. It said it's going to rain today.　うん、見た。今日は雨が降るって言ってた。

A No way. We're supposed to go on a picnic today.　まさか。今日ピクニックに行くことになっているのに。

B You might have to change your plans.　計画を変えないといけないかもしれないね。

＊weather forecast　天気予報

1. わたしの犬を見ましたか？
   Have you seen my dog?

2. わたしの鍵を見ましたか？
   Have you seen my keys?

3. 丘の向こうの虹を見ましたか？
   Have you seen the rainbow over the hill?

4. 両替機を見ましたか？
   Have you seen a change machine?

5. 白いライオンを以前、見たことがありますか？
   Have you seen a white lion before?

6. 天気予報を見ましたか？
   Have you seen the weather forecast?

7. 彼女の防水腕時計を見ましたか？
   Have you seen her waterproof watch?

8. 倉庫の中で、わたしのシャベルを見ましたか？
   Have you seen my shovel in the warehouse?

9. 彼の新しいオートバイを見ましたか？
   Have you seen his new motorcycle?

10. 天井にきらめくシャンデリアを見ましたか？
    Have you seen the glittering chandelier on the ceiling?

＊4.両替機　change machine　7.防水の　waterproof　8.倉庫　warehouse／シャベル　shovel
　10.天井　ceiling／きらめく　glittering／シャンデリア　chandelier

Part 5　Unit 32　have＋過去分詞

Have you heard ～?
～を聞きました／いたことがありますか?

Have you heard?とだけ尋ねると、「聞きましたか?」という意味になります。Have you heard ～?は、相手がheardに続く内容について「もう聞いたか」「聞いたことがあるか」と尋ねるパターンになります。

Example

A I met Lisa by chance this morning.　今朝、偶然リサに会ったよ。
B Did you? Have you heard she's expecting?　そうだったの?　彼女が妊娠中だって聞いた?
A No, I haven't. I'd never have guessed.　いいや。全然分からなかったよ。
B It's only three months.　まだ3カ月だからね。

＊by chance　偶然／be expecting　妊娠中である

1. ジョンがけがしたことを聞きましたか?
   Have you heard John got hurt**?**

2. 彼らが誰を雇ったか聞きましたか?
   Have you heard whom they hired**?**

3. セールについて聞きましたか?
   Have you heard about the sale**?**

4. 彼女が妊娠中だということを聞きましたか?
   Have you heard she's expecting**?**

5. レイノルズさんが引退したことを聞きましたか?
   Have you heard Mr. Reynolds retired**?**

6. 彼がゴスペルソングを歌うのを聞いたことがありますか?
   Have you heard him sing gospel songs**?**

7. テクノサイエンスについて聞いたことがありますか?
   Have you heard about techno science**?**

8. ジョーンズさんが双子を産んだことを聞きましたか?
   Have you heard Ms. Jones had twins**?**

9. あなたが一番好きなグループが解散したことを聞きましたか?
   Have you heard your favorite group broke up**?**

10. その最高経営責任者が給与と賞与でいくら稼いでいるか聞きましたか?
    Have you heard how much the CEO makes in salary and bonuses**?**

＊9. 解散する　break up　10. 最高経営責任者　CEO (=chief executive officer)

Unit 33

sure

自分が確信していることを強調したいときは、sureを活用するといいでしょう。
I'm sure that ～.で「間違いなく～」という意味になります。
また、Make sure that ～.は、「必ず～しなさい／を確認しなさい」と
念を押す表現です。パターン別に学んで、
sureを自由自在に使えるようになりましょう。

220 I'm sure that ～.
    間違いなく～。
221 I'm not sure ～.
    ～か、よく分かりません。
222 Are you sure that ～?
    ～は確かですか？
223 Make sure that ～.
    必ず～しなさい／を確認しなさい。

_{MP3 220} I'm sure that ～.

間違いなく～。

sureは「確かな、確信して」という意味です。ですので、I'm sure that ～.は、話者が確実だと信じている内容を述べるパターンです。thatの後には話者が信じている内容が入ります。

A Where on earth are we, Hank?　一体ここはどこなの、ハンク？

B All I know is that we're somewhere in Yosemite National Park.　分かるのは、ヨセミテ国立公園の中のどこかにいるということだけだ。

A Yeah, but where in Yosemite National Park?　そうね、でもヨセミテ国立公園のどこなのかしら？

B Don't worry. I'm sure that we'll be all right.　心配しないで。間違いなく大丈夫だよ。

1. すみずみまで間違いなく見ました。
   I'm sure that I've looked everywhere.

2. このカーディガンは間違いなくそのスカートに合うはずです。
   I'm sure that this cardigan will go with the skirt.

3. 彼は間違いなく家に戻ってきます。
   I'm sure that he'll come home.

4. わたしたちは間違いなく大丈夫です。
   I'm sure that we'll be all right.

5. 彼は間違いなく有名な建築家です。
   I'm sure that he is a famous architect.

6. 彼は間違いなく世界を変えます。
   I'm sure that he'll change the world.

7. 彼女は間違いなくわたしと恋に落ちます。
   I'm sure that she'll fall in love with me.

8. 間違いなく多くの電話がつながらなかったです。
   I'm sure that you're missing a lot of calls.

9. あなたは間違いなく全国的な人気者になります。
   I'm sure that you'll be popular nationwide.

10. 彼は間違いなくその政党の候補者として指名されます。
    I'm sure that he'll be nominated as the party's candidate.

＊2. ～に合う　go with ～　5. 建築家　architect　7. ～と恋に落ちる　fall in love with ～
　9. 全国的な　nationwide　10. ～を指名する　nominate

I'm not sure ～.
～か、よく分かりません。

I'm not sure ～.は直訳すると、「～に確信が持てない」で、自分の理解や知識が足りないとき、I don't know.の代わりに使うパターンです。明言を避けたいときに適した表現です。

Example

A Do you want to buy a blouse?　ブラウスをお求めですか？

B Yes. I like this one. I'm not sure if it'll fit me though.　ええ、これが気に入りました。サイズが合うかどうかは、よく分かりませんが。

A Why don't you try it on? The fitting room is over here.　試着なさいませんか？　試着室はこちらです。

B OK. I'll be back in a moment.　はい。すぐ戻ります。

＊fitting room　試着室

1. 彼女がいつ到着するか、よく分かりません。
   I'm not sure when she'll arrive.

2. どこへ向かっているか、よく分かりません。
   I'm not sure where we're going.

3. あなたがここに駐車できるか、よく分かりません。
   I'm not sure if you can park here.

4. わたしにサイズ合うか、よく分かりません。
   I'm not sure if it'll fit me.

5. 彼らがどこに住んでいるか、よく分かりません。
   I'm not sure where they live.

6. それを何に使うか、よく分かりません。
   I'm not sure what I'd spend it on.

7. 彼が何を食べたいか、よく分かりません。
   I'm not sure what he wants to eat.

8. 彼がわたしのプレゼントを気に入るか、よく分かりません。
   I'm not sure if he'll like my present.

9. 男の子か女の子か、よく分かりません。
   I'm not sure if it's a boy or a girl.

10. わが社が新モデルを開発できるか、よく分かりません。
    I'm not sure if we can develop a new model.

＊3. 駐車する　park

Part 5　Unit 33　sure

Are you sure that ～?
MP3 222

～は確かですか?

Are you sure that ～?は、that以下のことが事実かどうか、確認するときに使うパターンです。相手と話していて、分かりにくい点を明確にする際などに使えます。

A We need to leave for the airport.　空港へ出発しなくちゃ。
B It seems early.　早いと思うわ。
A Our flight is in two hours.　フライトまであと2時間だよ。
B Are you sure that our flight is at 10?　わたしたちのフライトが10時なのは確か?

1. 彼らがストライキをするのは確かですか?
   Are you sure that they'll go on strike?

2. 彼が自分の土地を競売に掛けたのは確かですか?
   Are you sure that he put his land up for auction?

3. 誤ったうわさを広めているのが彼だというのは確かですか?
   Are you sure that he's the one spreading the false rumor?

4. わたしたちのフライトが10時なのは確かですか?
   Are you sure that our flight is at 10?

5. 彼が早く回復しそうだというのは確かですか?
   Are you sure that he'll recover quickly?

6. これが利益を出すのは確かですか?
   Are you sure that this will make a profit?

7. 子どもと一緒に家に留まりたいというのは確かですか?
   Are you sure that you want to stay home with the kids?

8. クレーンの操作ができるというのは確かですか?
   Are you sure that you can operate a crane?

9. コンピューターウイルスを除去できるというのは確かですか?
   Are you sure that you can remove the computer virus?

10. 2050年に紙の本が、まだ手に入るというのは確かですか?
    Are you sure that paper books will still be available in 2050?

＊1. ストライキをする　go on strike　2. ～を競売に掛ける　put ~ up for auction　6. 利益を出す　make a profit

Make sure that ～.

必ず～しなさい／を確認しなさい。

make sure ～には、「～を確認する」という意味と、「必ず～する」という二つの意味があります。ですから、Make sure that ～.も、thatに続くことが事実か相手に確認させることと、相手に必ず実行させることの、二つの目的で使われます。

Example

A Hey, stop doing that!　ねえ、それやめて。
B What are you talking about?　何言ってるの？
A You always walk in front of me. Make sure that it doesn't happen again.　いつもわたしの前を歩くわよね。絶対にもうそんなことを起こさないようにして。
B Sorry, I was taking an important document to my boss.　ごめん。上司に重要な書類を持っていくところだったんだ。

1. 必ず彼女の作品を評価するようにしなさい。
   Make sure that you assess her work.

2. 必ずシートベルトを締めなさい。
   Make sure that you fasten your seatbelt.

3. 外出するときは、必ずドアに鍵を掛けなさい。
   Make sure that you lock the door when you leave.

4. 必ずウエーターにチップをあげなさい。
   Make sure that you tip your waiter.

5. 必ず副題を書きなさい。
   Make sure that you write a subtitle.

6. いくらか必ずください。
   Make sure that you give some to me.

7. 必ずシリアルを買いなさい。
   Make sure that you get some cereal.

8. 次に何が起こるか必ず予測しなさい。
   Make sure that you forecast what will happen next.

9. 必ず毎晩、巡回しなさい。
   Make sure that you do your patrol rounds every night.

10. それが再び起こらないよう確認しなさい。
    Make sure that it doesn't happen again.

＊1. ～を評価する　assess　5. 副題　subtitle　8. ～を予測する　forecast　9. 巡回　patrol round

Part 5　Unit 33　sure

Unit 34

ネイティブ愛用の10パターン

小難しい意味で覚えていた単語やフレーズを、ネイティブが日常会話の中で、カジュアルな形で使っていることがよくあります。辞書の意味だけでなく、ニュアンスを覚えることが重要です。さあ、今から、単語帳に閉じ込められていた単語で、「〜を誓います」「〜だったらいいのに」「〜すると約束して」のような生き生きとした文を作ってみましょう!

224 I swear that 〜.
　　〜と／を誓います。

225 I wish 〜.
　　〜だったらいいのに。

226 I wonder 〜.
　　〜でしょうか。

227 I'd rather 〜 than ...
　　...するより、〜する方がいいです／ことを
　　選びます。

228 I told you not to 〜.
　　〜するなと言ったじゃないですか。

229 You don't even 〜.
　　〜さえないじゃないですか。

230 I doesn't matter to me 〜.
　　〜しようが (わたしには) 関係ありません。

231 Promise me you will/won't 〜.
　　〜する／しないと約束して。

232 Do you have any 〜?
　　〜はありますか?

233 Would you please 〜?
　　〜していただけますか?

I swear that ～.

～と／を誓います。

thatに続くことを誓うというパターンです。「～を約束します」という意味の、I promise ～.より一段階強い表現です。参考までに「～と名誉に懸けて誓う」は、I swear on my honor that ～.と言います。

Example

A Can you play tennis this Sunday afternoon?　今度の日曜日の午後にテニスできる？
B I'm going to try to make it.　行けるよう努力するわ。
A Promise me you'll be there.　来ると約束してよ。
B OK. I swear that I'll try to be there.　分かった。そこへ行く努力をすることを誓うわ。

1. 質問をやめると誓います。
   I swear that I'll quit asking.

2. 二度とけんかしないと誓います。
   I swear that I won't quarrel again.

3. 明日はもっと早く帰宅すると誓います。
   I swear that I'll get back home earlier tomorrow.

4. そこに行く努力をすることを誓います。
   I swear that I'll try to be there.

5. うそをつかないと誓います。
   I swear that I won't lie.

6. もっと気を付けることを誓います。
   I swear that I'll be more careful.

7. あなたに小言を言うことはやめると誓います。
   I swear that I'll stop nagging you.

8. 朝食を抜かないと誓います。
   I swear that I won't skip breakfast.

9. あなたに二度と迷惑を掛けないと誓います。
   I swear that I won't bother you again.

10. 毎月貯金することを誓います。
    I swear that I'll put aside some money every month.

＊7. ～に小言を言う　nag

Part 5　Unit 34　ネイティブ愛用の10パターン

I wish ～.

～だったらいいのに。

可能性が低いことや不可能なことに対して、「～だったらいいのに」という願望を表すパターンです。
I wishの後は仮定法で、現在の願望には動詞の過去形が、過去の願望には過去完了形が使われます。

Example

A Is your report done?　報告書は仕上がった？
B It's about half done.　半分くらい終わったわ。
A I wish it were finished already.　もう仕上がっていたらいいのに。
B So do I. I'm tired of working on it.　わたしもそう思う。作業で疲れたわ。

1. 他人の心が読めたらいいのに。
   I wish I could read other people's minds.

2. あなたがわたしにアイデアをくれたらいいのに。
   I wish you would give me some ideas.

3. その映画がハッピーエンドだったらいいのに。
   I wish the movie had a happy ending.

4. アラスカに行けたらいいのに。
   I wish I could visit Alaska.

5. それが既に仕上がっていたらいいのに。
   I wish it were finished already.

6. 大金を獲得できたらいいのに。
   I wish I could win a lot of money.

7. わたしにそれを尋ねるのをやめてくれたらいいのに。
   I wish you'd stop asking me that.

8. 新しいドレスを買いに行けたらよかったのに。
   I wish I'd gone and bought a new dress.

9. 宇宙に行けたらいいのに。
   I wish I could go into space.

10. 米国大統領に会えたらいいのに。
    I wish I could meet the U.S. president.

＊1. ～の心を読む　read one's mind　9. 宇宙　space　10 大統領　president

I wonder ～.
～でしょうか。

疑問に感じていることについて、確認したい気持ちを表すパターンです。確認したい内容はwonderの後に続けます。

Part 5 Unit 34 ネイティブ愛用の10パターン

Example

A I wonder when the concert starts.　コンサートはいつ始まるのかな。
B I think it starts at 7 p.m., doesn't it?　午後7時じゃなかったっけ。
A Let me check the tickets.　チケットを確認してみるよ。
B OK, they are in my bag.　うん、わたしのバッグの中にあるわ。

1. なぜあなたは彼の提案を断ったのでしょうか。
   I wonder why you refused his offer.

2. （男女）どちらを妊娠しているのでしょうか。
   I wonder what you're having.

3. 舞台裏で何があったのでしょうか。
   I wonder what happened behind the scenes.

4. コンサートはいつ始まるのでしょうか。
   I wonder when the concert starts.

5. 明日は雪が降るでしょうか。
   I wonder if it will snow tomorrow.

6. テムズ川はどのくらいの長さでしょうか。
   I wonder how long the Thames is.

7. あなたには友達が何人いるのでしょうか。
   I wonder how many friends you have.

8. わたしの庭に誰が穴を掘ったのでしょうか。
   I wonder who dug the holes in my garden.

9. その会社では通常、新入社員をいつ採用するのでしょうか。
   I wonder when the firm usually recruits new employees.

10. 他のみんなは何を着るつもりなのでしょうか。
    I wonder what everyone else will be wearing.

＊3. 舞台裏で　behind the scenes　9. ～を採用する　recruit

MP3 227 I'd rather ～ than ...

…より、～する方がいいです／ことを選びます。

二つの行為のうち、どちらを選択するかを明確に伝えるパターンです。選択する行為の動詞をratherに続け、選択しない方をthanの後に述べます。動詞が同じ場合は省略することもあります。

Example

A You need to choose me or him. 僕にするか、彼にするか、選んでくれないと。
B I'd rather be with you than him. 彼とより、むしろあなたと一緒にいるわ。
A Why do you keep talking to him? 何で彼に話し掛け続けるの？
B It's nothing. We're in the same class. 何でもないわ。クラスが同じだから。

1. 健康を失うより、お金を失う方がいいです。
   I'd rather lose money **than** my health.

2. 何もしないより、危険を冒すことを選びます。
   I'd rather take a risk **than** do nothing.

3. 他の人の下で働くより、自分で事業する方がいいです。
   I'd rather start my own business **than** work for someone else.

4. 彼とより、あなたと一緒にいる方がいいです。
   I'd rather be with you **than** him.

5. 外に出掛けるより、家にいる方がいいです。
   I'd rather stay home **than** go out.

6. 事前に知るより、驚く方がいいです。
   I'd rather be surprised **than** know in advance.

7. 結婚するより、独身でいることを選びます。
   I'd rather stay single **than** get married.

8. 彼に会いに行くより、昼寝する方がいいです。
   I'd rather take a nap **than** go and meet him.

9. シャトルバスに乗るより、地下鉄に乗ることを選びます。
   I'd rather take a subway **than** a shuttle bus.

10. ショッピングに行くより、子どもを見ている方がいいです。
    I'd rather watch the kids **than** go shopping.

＊2. 危険を冒す take a risk 3. 他の人の下で働く work for someone else／自分で事業を始める start one's own business 6. 事前に知る know in advance 8. 昼寝をする take a nap

MP3 228

I told you not to 〜.
〜するなと言ったじゃないですか。

以前注意したことについて、相手が不注意から同じ行動を繰り返したり、無視したりしたとき、再び念押しして行動を改めるよう求めるパターンです。

Example

A I wonder if you can do something for me.　あなたがわたしのために、何かできることはあるかしら。

B Come on. I told you not to beat around the bush.　どうしたの。遠回しに言うなと言ったじゃない。

A OK. Can you lend me $1,000.　分かったわ。1000ドル貸してくれない？

B Don't ask me for money.　僕にお金の無心はしないでよ。

＊beat around the bush　遠回しに言う

1. 心配するなと言ったじゃないですか。
   I told you not to worry.

2. 子どもたちに厳しく接するなと言ったじゃないですか。
   I told you not to be hard on your kids.

3. 自分の弱みを見せるなと言ったじゃないですか。
   I told you not to expose your weakness.

4. テレビを見るなと言ったじゃないですか。
   I told you not to watch TV.

5. 身分証明書を忘れるなと言ったじゃないですか。
   I told you not to forget your ID.

6. 自分の服を気に病むなと言ったじゃないですか。
   I told you not to stress about your clothes.

7. わたしのスーツにしわを作るなと言ったじゃないですか。
   I told you not to wrinkle my suit.

8. 彼女にうそをつくなと言ったじゃないですか。
   I told you not to tell her lies.

9. 遠回しに言うなと言ったじゃないですか。
   I told you not to beat around the bush.

10. 他人をうらやむなと言ったじゃないですか。
    I told you not to envy others.

＊2. 〜に厳しく接する　be hard on 〜　3. 〜を見せる　expose　5. 身分証明書　ID (=identification)
　6. 〜を気に病む　stress about 〜　7. しわを作る　wrinkle

 **You don't even ～.**

～さえないじゃないですか。

You don't even ～.は、相手の言動が呆れてしまうほど、あまりにも意外なときに、いったいどうしてそのような言動ができるのかと異議を唱える表現です。

Example

A I applied for the job in the administration department, too.　わたしも総務部の仕事に応募したわ。

B The same job as I did? Why?　僕が応募したのと同じ部署？　どうして？

A It might be interesting.　面白いかもしれないから。

B You don't even like admin.　総務が好きでさえないじゃないか。

＊ administration department　総務部

1. わたしを気に掛けてさえいないじゃないですか。
   You don't even care about me.

2. 彼の顔さえ分からないじゃないですか。
   You don't even recognize his face.

3. 彼女が働いている場所さえ知らないじゃないですか。
   You don't even know where she works.

4. 運転免許証さえ持っていないじゃないですか。
   You don't even have a driver's licence.

5. 総務が好きでさえないじゃないですか。
   You don't even like admin.

6. 彼の忠告にさえ従わないじゃないですか。
   You don't even follow his advice.

7. わたしの誕生日さえ覚えていないじゃないですか。
   You don't even remember my birthday.

8. それを何に使うつもりかさえ知らないじゃないですか。
   You don't even know what you'd spend it on.

9. 自分の犬に注意さえ払わないじゃないですか。
   You don't even pay attention to your dog.

10. 自分の会費さえ払わないじゃないですか。
    You don't even pay your membership fees.

＊ 1. ～を気に掛ける　care about ～　6. ～の忠告に従う　follow one's advice　7. ～を覚えている　remember
9. ～に注意を払う　pay attention to ～　10. 会費　membership fee

It doesn't matter to me 〜.

〜しようが（わたしには）関係ありません。

動詞、matter は「重要である、関係がある」という意味で、it doesn't matter to me で、「それはわたしには重要ではない、関係がない」になります。me に続くことがどのようであっても、自分には大した問題ではないというパターンです。

Example

A I'm thinking about quitting the squash team.　スカッシュのチームを辞めようかと思っているんだ。
B It doesn't matter to me if you quit.　あなたが辞めたってわたしには関係ないわ。
A Don't you want me to stay on the team?　僕がチームにいることを望まないのかい？
B Yes, but not if you don't enjoy it.　望んでるわ、でもあなたが楽しめないんだったら違う。

1. 彼らがわたしを歓迎しようがしまいが関係ありません。
　 It doesn't matter to me if they welcome me or not.

2. 誰が選挙に勝とうがわたしには関係ありません。
　 It doesn't matter to me who wins the election.

3. わたしたちが何を食べようが関係ありません。
　 It doesn't matter to me what we eat.

4. 自分がどのように見えようが関係ありません。
　 It doesn't matter to me how I look.

5. 彼らがそこにいようがいまいがわたしには関係ありません。
　 It doesn't matter to me if they're there or not.

6. あなたが辞めようがわたしには関係ありません。
　 It doesn't matter to me if you quit.

7. あなたがわたしをどう思っていようが関係ありません。
　 It doesn't matter to me what you think of me.

8. あなたの友達がどれほど金持ちだろうが関係ありません。
　 It doesn't matter to me how rich your friend is.

9. 健康でさえあれば関係ありません。
　 It doesn't matter to me as long as it's healthy.

10. あなたがよその国に移住しようがしまいが関係ありません。
　 It doesn't matter to me if you emigrate or not.

＊2. 選挙に勝つ　win the election　10. よその国に移住する　emigrate

Promise me you will/won't 〜.
〜する／しないと約束して。

promiseは「〜を約束する」という意味で、今後の行動について約束を求めるパターンです。約束する内容は、今後のことですので、未来の表現になります。

A Have a safe trip to Santa Monica.　サンタモニカまで無事に旅行してね。
B Thanks. I'll drive with care.　ありがとう。注意して運転するよ。
A Promise me you'll call when you get there.　そこに着いたら電話すると約束して。
B Sure. I will.　もちろん。そうするよ。

＊with care　注意して

1. 行儀よくすると約束して。
   Promise me you'll behave yourself.

2. 彼らから目を離さないと約束して。
   Promise me you'll keep an eye on them.

3. 二度と花を摘まないと約束して。
   Promise me you won't pick the flowers again.

4. 時々は連絡くれると約束して。
   Promise me you'll get in touch with me from time to time.

5. 彼らをからかわないと約束して。
   Promise me you won't make fun of them.

6. これについて心配はやめると約束して。
   Promise me you'll stop worrying about this.

7. そこに着いたら電話すると約束して。
   Promise me you'll call when you get there.

8. あまり遅くならないうちに帰ってくると約束して。
   Promise me you'll come home before it gets too late.

9. ケリーに紹介してくれると約束して。
   Promise me you'll introduce me to Kelly.

10. あなたの両親が年を取ったら面倒を見ると約束して。
    Promise me you'll look after your parents when they're elderly.

＊1. 行儀よくする　behave oneself　2. 〜から目を離さない　keep an eye on 〜　5. 〜をからかう　make fun of 〜
10. 年を取った　elderly／〜の面倒を見る　look after 〜

Do you have any ～?
～はありますか?

haveは基本的に所有を表す動詞です。物を持っているかを尋ねる質問から、計画、アイデア、意見や経験を問う質問まで、相手が所有しているものは、全てこのパターンで聞くことができます。

Example

A Do you have any homework?　宿題はあるの?

B I've just finished it. May I watch TV?　今終わらせたよ。テレビ見てもいい?

A All right. But only for an hour.　いいわよ。でも、1時間だけね。

B OK. It'll help me relax.　分かった。それでリラックスできる。

1. 驚くべきニュースはありますか?
   Do you have any surprising news?

2. 預ける荷物はありますか?
   Do you have any luggage to check in?

3. 英語のパンフレットはありますか?
   Do you have any pamphlets in English?

4. 痛みはありますか?
   Do you have any pain?

5. 趣味はありますか?
   Do you have any hobbies?

6. アレルギーはありますか?
   Do you have any allergies?

7. 不満はありますか?
   Do you have any complaints?

8. 宿題はありますか?
   Do you have any homework?

9. 特別なスキルはありますか?
   Do you have any special skills?

10. 夕食のアイデアはありますか?
    Do you have any ideas for dinner?

＊2. 預ける　check in

Would you please 〜?
〜していただけますか?

控えめに頼み事などをしたいときに使われるパターンです。飲食店やデパートなど、接客の場でも多用されます。Could you please 〜?としてもOKです。

Example

A This piano sounds terrible.　このピアノの音がひどいんです。
B Yep, it sounds like it's out of tune.　そうですね、音程が合っていないようですね。
A Would you please tune it for me?　調律していただけますか?
B OK. I need to get my tuning hammer first.　分かりました。まずは調律用ハンマーを取ってきます。

＊out of tune　音程が合わない／tuning hammer　調律用ハンマー

1. 列に並んでいただけますか?
   Would you please stand in line**?**

2. 窓を閉めていただけますか?
   Would you please close the window**?**

3. 市場に行っていただけますか?
   Would you please go to the market**?**

4. それを調律していただけますか?
   Would you please tune it for me**?**

5. 静かにしていただけますか?
   Would you please keep quiet**?**

6. チケットを見せていただけますか?
   Would you please show me your ticket**?**

7. 天井に壁紙を張っていただけますか?
   Would you please wallpaper the ceiling**?**

8. テレビの音を小さくしていただけますか?
   Would you please turn the TV down**?**

9. 彼に伝言していただけますか?
   Would you please give him a message**?**

10. その製品の仕様を送っていただけますか?
    Would you please send me the product specifications**?**

＊1. 列に並ぶ　stand in line　7. 天井　ceiling／壁紙を張る　wallpaper　8. 〜の音を小さくする　turn 〜 down

Review

ここまで学んだ233のパターンがきちんと身に付いたか、
このReviewで確認しましょう。それぞれのパターンが使われる
会話や例文とともに復習します。音声を聞く前に、
赤シートで正解部分を隠し、思い出せるか確かめましょう。

1.
  A I'm in a dilemma.
  B What kind of dilemma?
  A I'm on a diet, but my boyfriend has invited me to a luxurious dinner.
  B Sounds great. I'll take your place if you like!

板挟みになっています。
どんな種類の板挟み？
ダイエット中なんだけど、男友達から豪華なディナーに誘われたのよ。
いいじゃない。もしよかったら、わたしが代わりに行きたいわ！

＊luxurious　豪華な

2.
  A Hello?
  B Hey, Mark. It's Andy!
  A I can't talk right now. I'm in the library
     and I'm in the middle of my homework.
  B Did you finally get a library card?
  A Yes! I'm now able to check out books.
  B Great! Call me when you're done.

もしもし。
やあ、マーク。アンディーだけど。
今、話ができないんだ。図書館の中で、
宿題の途中なんだ。
図書館カード、ようやく手に入ったの？
そう！　本を借りられるようになったよ。
よかったね！　終わったら電話して。

3.
  A Do you still want to go to the movies later?
  B Yes. I'm trying to get tickets.
  A But I've already bought them.
  B That's great. The movie seems to be sold out everywhere.
  A I bought our tickets yesterday.
  B I'm glad that we got them.

この後、映画にやっぱり行きたい？
うん。チケットを手に入れようとしてるんだけど。
でも、もう買ったわよ。
素晴らしいね。その映画、どこでも売り切れみたいだし。
昨日、チケットを買っておいたのよ。
手に入ってうれしいね。

4.
   A Why are you looking out the window so often?
   B I have to drive to Chicago and I'm afraid that it's going to snow.
   A When are you leaving?
   B I'm just about to leave.
   A Make sure you drive carefully!

> なんでそんなに頻繁に窓の外を見ているの？
> シカゴまで車で行かなければならないんだけど、**どうやら雪になりそうなんだ。**
> いつ出掛けるの？
> **ちょうど出掛けるところ。**
> 気を付けて運転してね！

5.
   A Hey, what's going on with you?
   B I'm worried about layoffs at work.
   A You don't think they're going to let you go, do you?
   B I'm not sure.
   A You can always find another job.
   B But I'm worried about paying my bills.
   A Hey, I'm here to support you.
   B Yeah, I'm glad that you're always here for me.
   A Things will work out just fine.

> やあ、何かあったの？
> **仕事を一時解雇されないか心配だよ。**
> でも、解雇されるなんて思ってないんだろ。
> どうだろう。
> 君だったらいつだって別の仕事が見つけられるよ。
> でも、**請求書の支払いが心配だな。**
> おいおい、**君をサポートしに来たんだよ。**
> うん、**いつも僕のためにここにいてくれて、うれしい。**
> 万事うまくいくよ。

*work out fine　うまくいく

1. **A** Are you done with work for today?
   B Yeah, more or less.
   A I was wondering if you're going to the party.
   B Hey, don't worry. I'll be there and I won't be late.

   今日の仕事は終わった？
   うん、だいたい。
   そのパーティーに行けるかなあ。
   ちょっと、心配しないで。遅れずそこに行くわ。

   ＊more or less　だいたい

2. **A** Are you ready for the meeting?
   B What meeting?
   A The meeting to review the final report.
   B I forgot all about it!

   会議の準備はできた？
   何の会議？
   最終報告書を見直す会議だよ。
   すっかり忘れてたわ！

3. **A** Are you happy with your smartphone?
   B Actually it's been playing up since last week.
   A Are you going to buy a new one?
   B If it doesn't get any better, I'll have to.

   自分のスマホに満足していますか？
   実は先週から正常に動いてないんです。
   新しいのを買うのですか？
   もしよくならないようだったら、そうしないとですね。

   ＊play up　（機械などが）正常に動かない

4.
A　Are you interested in this dress?
B　Yes. But I can't buy it.
A　Why not?
B　It's too expensive.
A　Are you happy with the way it fits?
B　Yes. It fits perfectly.
A　Then you have to buy it!

このドレスに興味がありますか？
ええ。でも買えません。
どうして買えないんですか？
高過ぎます。
そのフィット感に満足していますか？
ええ、完璧にフィットしてます。
では、買わなければ！

5.
A　Hey, Mary! What's up?
B　I'm calling to ask about Mom.
A　She's sleeping right now.
B　Is she feeling better?
A　She said she's feeling much better today.
B　Good! I can't wait to visit next week.
A　I'm looking forward to seeing you, too.
B　We're looking to be there by 2 p.m.
A　We'll plan on you for dinner, then.
B　Talk to you soon.

やあ、メアリー！　どうしたの？
母さんについて尋ねるため電話したんだけど。
今、寝てるよ。
具合が良くなった？
今日はずっと良くなったって言ってたけど。
よかった！　来週、行くのが待ちきれないわ。
僕も会うのが楽しみだよ。
午後2時までにそっちに行く予定だけど。
じゃあ、夕食の予定を入れておくよ。
じゃあまたね。

＊plan on ～　～の予定を入れる

1. **A** I should get going.
     B Can I ask you to stay longer?
     A I'll miss my bus.
     B But I really want to keep talking.

　　　そろそろ行かないと。
　　　もう少し長く滞在していただけますか？
　　　バスに乗りそびれそうなんです。
　　　でも、お話を本当に続けたいので。

2. **A** Can I bring anything tomorrow?
     B Can you bring some wine?
     A Sure. Anything else?
     B Can you bring some flowers, too?
     A Of course! I'll see you tomorrow.

　　　明日、何か持っていこうか？
　　　ワインを少し持ってきてくれる？
　　　いいよ。他に何か？
　　　花も何本か持ってきてくれる？
　　　もちろん！　明日ね。

3. **A** Can you stop at the ABC Store tonight?
     B Sure. Can you tell me where it is?
     A It's on Main Street.
     B I've never seen it before.
     A It's right before the stop light.
     B Which one? There are tons!
     A Forget it! I'll go by myself later.

　　　今晩、ABCストアのところで止めてくれる。
　　　いいよ。**それがどこなのか教えてもらえる？**
　　　メインストリートに面してるんだけど。
　　　見たことないなあ。
　　　信号の真ん前よ。
　　　どの？　山ほどあるよ！
　　　忘れて！　後で独りで行くわ。

4. **A** Can you give me some advice?

B Sure, what's up?

A Mary broke up with me.

B What happened?

A She thinks I cheated on her.

B That's crazy!

A Can you help me get her back?

> アドバイスしてもらえる？
> いいわよ、どうしたの。
> メアリーが僕と別れたんだ。
> 何があったの？
> 僕が彼女を裏切って浮気したと思ってるんだ。
> あり得ない！
> **彼女を取り戻せるよう手伝ってくれる？**

*break up with ~　~と別れる／cheat on ~　~を裏切って浮気する

5. **A** Come in. Can I take your coat?

B Thanks. Shall I leave my umbrella here at the door?

A Yes, that's fine. Can I get you a drink?

B That'd be great. Can you get me a lemonade?

A A soft drink! Don't you want a beer, or a glass of wine, or something?

B Oh, OK. Can I have a beer?

A That's the spirit!

> お入りください。**コートをいただいてもいいですか？**
> ありがとう。扉のところに傘を置いておいてもいいですか？
> ええ、いいですよ。**飲み物をお持ちしましょうか？**
> それはありがたい。**レモネードを持ってきてもらえますか？**
> ソフトドリンク！　ビールかワインか何かにしません？
> あっ、分かりました。**ビールをいただけますか？**
> そうこなくては！

*That's the spirit!　そうこなくては！

Review 031-040

1. **A** You look confused.
   B I can't say that I know how this phone works.
   A I think you have to hold this button down.
   B I can't stand technology!

   困惑してるようだけど。
   この電話がどう動くか知ってるとは言えないわ。
   このボタンを押し下げないといけないと思うけど。
   テクノロジーには我慢できない！

2. **A** Are you looking for something?
   B I can't find my baseball glove.
   A Did you look in your book bag?
   B I can't tell you how many times I've looked in there.

   何か探してるの？
   野球のグラブが見つからないんだけど。
   あなたのかばんの中を見た？
   数えきれないほどその中を見たよ。

3. **A** Can you explain why you lost your job?
   B I can't figure out why I was let go.
   A There has to be a reason they fired you.
   B I suppose I was late several times.
   A That's probably why!
   B I can't believe they fired me.

   なぜ失業したのか説明してもらえる？
   なぜクビになったのか分からない。
   クビにしたのは理由があるはずよ。
   何回も遅刻したからかなあ。
   たぶんそのせいよ！
   クビにするなんて信じられないよ。

4. **A** Can you explain why you haven't asked Sarah out yet?
   B I can't find her phone number.
   A I thought she handed it to you that night.
   B She did, but I lost it.
   A I can't believe you lost it!
   B Maybe I'll have to email her.

   なぜサラにデートをまだ申し込んでないか説明してくれる？
   彼女の電話番号が見つからないんだ。
   あの晩、彼女が渡したと思うけど。

渡したよ、でも、なくしちゃった。
なくしたなんて信じられない！
彼女にメールしないといけないよね。

5.　**A**　Have you seen Brad Pitt's latest movie?

　　　B　No. But I can't wait to see it!

　　　A　It's awesome.

　　　B　That's what I heard.

　　　A　I can't stop watching it again and again.

　　　B　I might go see it tomorrow.

　　　A　I can't understand why you haven't seen it yet.

　　　B　I've had too much work for the last few weeks.

　　　ブラッド・ピットの最新の映画、見た？
　　　いや、でも**見るのが待ち遠しいよ！**
　　　素晴らしいわ。
　　　そう聞いたけど。
　　　繰り返し見ずにはいられない。
　　　明日、見に行くかもしれない。
　　　なぜまだ見ていないのか、理解できないわ。
　　　この数週間、あまりに多くの仕事を抱えていたからだよ。

＊awesome　素晴らしい

6.　**A**　You look amazing in that dress!

　　　B　I can't believe it fits me.

　　　A　You've lost a lot of weight.

　　　B　I can't tell you how hard I've worked out.

　　　A　It paid off!

　　　B　I can't wait to wear this to the party.

　　　A　Everyone is surely going to think you're looking hot.

　　　B　I hope Ryan will be there.

　　　A　I heard he's supposed to be there.

　　　そのドレスを着ると素敵ね！
　　　それがわたしにぴったりのサイズだなんて信じられない。
　　　かなり減量したよね。
　　　口では言い表せないくらい懸命に運動したから。
　　　報われたわね！
　　　これをパーティーに着ていくのが待ち遠しい。
　　　あなたのこと、みんなきっとセクシーだと思うわ。
　　　ライアンがその場にいればいいのに。
　　　いるはずだって聞いたわ。

＊pay off　（努力や投資などが）報われる

1.
  A How would you like your steak?
  B Is it possible to get it well-done?
  A Yes, and what would you like to drink?
  B Some wine, please.

ステーキはどのようにいたしましょう？
ウェルダンにしていただけますか？
はい、では、**お飲み物は何にいたしましょう？**
ワインをお願いします。

2.
  A Do you want pizza for dinner?
  B Yes. Can you order it?
  A What would you like on it?
  B Is it all right to top it with pepperoni?
  A That's my favorite!

夕食はピザがいい？
うん。注文しようか？
何を載せたい？
ペペローニを上に載せてもいいかな？
わたしの好物だわ！

3.
  A Is it true that you got engaged?
  B Yes! Mike asked me to marry him yesterday.
  A That's wonderful news!
    Would you like any help planning the wedding?
  B Yes, please. We haven't started planning it yet.
  A Just let me know when you need my help.

婚約したって本当？
ええ！　マイクが昨日、結婚してくださいって尋ねたの。
素晴らしいニュースね！
結婚式の計画の手助けをしましょうか？
ええ、お願い。まだ、準備を始めていないの。
手助けが必要になったらすぐに教えてね。

4.
  A What would you like to do for your birthday?
  B I haven't thought about it much.
  A Would you like to go out on the town?
  B That sounds like fun!
  A You can pick what we do.
  B What do you think about having a nice dinner and go to a nighclub?

誕生日には何をしたい？
あんまり考えていないんだけど。

街に繰り出さない？
面白そうだね！
何するか選んでね。
おいしい夕食を食べてクラブに行かない？

5. A Where would you like to put the Christmas tree?

  B Is it all right to put it in the corner?

  A Yeah, fine.

  B What color lights should we put on it?

  A How about all blue lights?

  B That'd be ugly.

  A That's why I asked you.

  B How about red ones?

  A That'll be perfect.

  クリスマスツリーはどこに置きたい？
  隅に置いてもいいかしら？
  うん、いいねえ。
  何色の明かりを載せたらいいかな？
  青い明かりはどう？
  きれいじゃないわ。
  だから尋ねたんだけど。
  赤はどう？
  完璧だろうね。

6. A What would you like to do this weekend?

  B Is it all right to go to the beach?

  A Sure. The weather is supposed to be perfect for swimming.

  B Would you like to have a picnic lunch?

  A That's a great plan!

  B What time should we go?

  A Do you want to pick me up at 11 a.m.?

  B That works for me.

  A Is it OK if I bring my dog?

  B Sounds like fun.

  今度の週末、何したい？
  ビーチに行ってもいいかな？
  いいわよ。スイミングにもってこいの天気みたいだし。
  ピクニックランチをしない？
  いい計画ね！
  何時に行ったらいい？
  午前11時に迎えに来てくれない？
  いいわよ。
  犬を連れて来てもいいかしら？
  楽しそうね。

1.
  A Let me tell you about my day. It was awful.
  B Sorry to hear that.
  A It started with being late for work.
  B Oh, crumbs. That's no way to start a day.

     わたしの1日について話をさせて。ひどかったのよ。
     それは気の毒に。
     まず、仕事に遅刻したことから始まったの。
     お、おっと。そんなふうに1日をスタートさせるもんじゃないよ。

            *crumbs　おっと

2.
  A Do you want to go shopping tomorrow?
  B Let me check with my husband.
  A Sure! I hope you can make it.
  B It shouldn't be a problem.
  A Just let me know what he says.

     明日、買い物に行く？
     夫に確認させてくれる。
     いいわ！　都合がつくといいけど。
     問題ないはずだけど。
     彼が何と言っているか、ちょっと知らせてね。

3.
  A You're late again!
  B That's because there was a delay on the subway.
  A That's what you said yesterday.
  B It was delayed yesterday, too.
  A Do you have any proof?
  B Let me see if there's a news report about the delays.

     また遅刻ね！
     地下鉄が遅れていたからです。
     それがまさに昨日、あなたが言ってたことよ。
     昨日も遅れていたんです。
     何か証拠ある？
     その遅延について報道があるか確認させてください。

4. **A** Let me know the best way to get there.
   B I normally take Oak Street to her house.
   A Mary said that, too.
   B I think that's the easiest way.
   A I get lost easily though.
   B Let me know if you want to go together.
   A Are you sure you wouldn't mind?

そこへ行く一番いい方法を教えてくれない。
彼女の家へはたいていオークストリートで行くけど。
メアリーもそう言ってた。
それが一番簡単だと思うわ。
でも、道に迷いやすいのよ。
一緒に行きたいか教えて。
本当にいやじゃない？

*get lost　道に迷う

5. **A** Can you let me know if you're going to be home for dinner?
     I'm planning on making pasta.
   B I have a late meeting.
   A All right. I'll just save you some then.
   B Let me see if I can reschedule.
   A Just call me back when you know what's happening.
   B OK, I'll let you know in a few minutes.

夕食は家で食べるつもりか教えてくれる？
パスタを作る予定なんだけど。
遅い会議があるんだよね。
分かった。じゃあ、少し残しておくわ。
日程を変更できるか確認させてくれる。
どうなるか分かったら、折り返し電話してね。
分かった、すぐに知らせるよ。

6. **A** I think I've ruined my phone.
   B What happened? Let me see if I can fix it.
   A I dropped it in water.
   B Oh no! Let me check online. I found it!
   A So, that's the way we fix it.

電話機を壊してしまったようです。
何があったんですか？　修理できるか確認させてください。
水の中に落としてしまいました。
そんな！　ネットで確認させてください。見つけた！
では、そんなふうに修理するんですね。

1.   **A**   Don't be afraid to ask for help.
       B   Thanks. It's tough doing it by myself.
       A   I've done it before, so I understand.
       B   Never again will I question your ability.

         怖がらず助けを求めてください。
         ありがとう。独りでやるのは大変ですね。
         前にしたので分かります。
         もう二度とあなたの能力を疑わないわ。

2.   **A**   Don't forget to leave me some money.
       B   I can't believe we need more fuel already.
       A   The traffic was awful yesterday.
       B   I'm sorry to have given you wrong directions.
       A   Never again will I drive that way.

         忘れずお金をいくらか置いていって。
         燃料がこんなに早くもっと必要になるなんて信じられないよ。
         昨日の渋滞はひどかったからね。
         道を間違って教えてごめんね。
         もう二度とそんな運転はしないわ。

3.   **A**   Our main customer just called about the meeting time.
       B   Don't even think about rescheduling it.
       A   No, don't worry, he wants to close the deal.
       B   Me too. It will be an important meeting.

         わが社の主要取引先が、今しがた会議の時間の件で電話してきました。
         日程を変更しようだなんて考えないで。
         いいえ、ご心配なく。彼は取引をまとめたがってますから。
         わたしもよ。重要な会議になるわ。

                                      *close a deal　取引をまとめる

4.   **A**   Sorry for not being on time.
       B   Are you ready to leave now?
       A   Not yet.
       B   Don't forget to brush your teeth.
       A   Sorry for not being properly dressed.
       B   I understand, but hurry up.

         時間どおりに到着せず申し訳ありません。
         出発する準備はもういい?
         いいえまだです。
         忘れず歯を磨いて。

きちんとした身なりをしないですみません。
分かったから急いで。

5. A Is the party still set for Saturday?
   B I'm sorry to say the plan has been changed.
   A Don't tell me you've canceled it!
   B No, but I want to have it on Sunday.
   A Don't be so cruel. I can't make it on Sunday.
   B Sorry for not telling you sooner.

   そのパーティーは土曜日の予定のままですよね？
   計画の変更をお伝えすることになり申し訳ありません。
   まさかキャンセルしたわけではないですよね！
   いいえ、ただ、日曜日にしたいのですが。
   そんなに冷酷にならないで。日曜日は出席できません。
   もっと早く伝えなくてごめんなさい。

6. A I'm sorry about how things turned out.
   B It's not your fault.
   A I'm sorry about everything I did.
   B You really didn't do anything.
   A But I let Mike take your computer.
   B He got in trouble for it.
   A I should have stopped him.
   B Don't be so upset about it.
   A But everyone is going to think I'm a troublemaker.
   B Let's not tell anyone.

   そのようになってしまい、申し訳ありません。
   あなたのせいではありません。
   わたしのした全てのこと、申し訳ありません。
   あなたは本当に何もしていないから。
   でも、マイクにあなたのコンピューターを持って行かせました。
   彼はそれで厄介な事態に陥っています。
   彼を止めるべきでした。
   そのことでそんなに動転しないで。
   でも、わたしのことを皆が面倒を起こす人だと思うようになります。。
   誰にも言わないでおきましょう。

   ＊troublemaker　面倒を起こす人

1.
A I'm sorry if I didn't take your advice.
B Don't worry about it. His advice was much better.
A I will ask your opinion next time.
B If you need any help, please let me know.

> あなたの助言に従わなかったのなら、申し訳ありません。
> 気にしないで。彼のアドバイスの方がずっと良かったから。
> 次回はあなたの意見を聞きます。
> 何か手助けが必要だったら、お知らせください。

2.
A Hey, Mike! What a small world!
B I'm sorry to say that I don't recognize you.
A I'm Luke. We used to go to high school together.
B I'm sorry that I don't remember you.
A That's OK. It's been a long time.

> やあ、マイク！ 世間は狭いね！
> 残念だけど、あなたが誰だか分かりません。
> ルークだよ。高校を一緒に通った。
> 覚えてなくて申し訳ありません。
> いいよ。久しぶりだから。

> *What a small world! 世間は狭いね！／It's been a long time. 久しぶり。

3.
A If you like, I can help you with the garden.
B Thank you. I was just wondering what to have.
A If I were you, I would plant a few more cherry trees.
B Yes, I was thinking about doing that.

> もしよかったら、庭仕事を手伝えます。
> ありがとう。何を植えようかと、ちょうど考えていたところだから。
> 僕があなただったら、桜の木をもう数本植えますね。
> そうね、わたしもそれを考えていたのよ。

4.
A What are you up to?
B I'm redecorating our kitchen.
A If you need any decorating ideas, I can help.
B Thank you.

> 何してるの？
> 台所を改装してるのよ。
> 何か装飾のアイデアが必要ならば、手助けできるよ。
> ありがとう。

> *redecorate ～を改装する

5.
A Did you hear about David?
B No. What happened?
A He broke his ankle.
B I'm sorry to hear that he got hurt.
A He was drunk and fell down.
B In that case, I'm sorry, but I don't feel bad for him.
A I guess he must be really embarrassed.
B He should be.

デービッドについて聞いた？
いや。何があったの？
彼、足首をけがしたのよ。
彼がけがをしたとはお気の毒だね。
酔っぱらって倒れたのよ。
それだったら、**悪いけど同情しないな。**
彼はとても恥ずかしいはずだと思うわ。
そのはずだね。

＊embarrassed　恥ずかしい

6.
A I'm sorry to hear that you're not feeling well.
B I've been sick for a few days now.
A If I were you, I would go see my doctor.
B I don't have one. My old doctor closed down the clinic.
A You should really find a new one then.
B I know I need to.
A If you like, I can give you my doctor's number.
B That would be great.
A If you want me to go with you, I can do that as well.
B Would you?

体調が良くないとはお気の毒です。
ここ数日、病気だったんですよ。
わたしがあなただったら、かかりつけのお医者さんに診てもらうのに。
いないんですよ。前の医者はクリニックを閉じてしまったし。
じゃあ、新しい人を本当に見つけるべきよ。
そうする必要があることは分かっています。
もしよかったら、わたしの主治医の電話番号を教えられますよ。
それはありがたいです。
一緒に行ってほしいなら、そうすることもできるわ。
そうしてもらえる？

＊close down ～　～を閉じる

1. **A** Would you like to come for dinner?
　　B That sounds wonderful.
　　A We'll be eating around six.
　　B If there's anything you want, I'd be happy to bring it.

　　夕食にいらっしゃいますか？
　　素晴らしいわね。
　　6時ごろから食べるつもりだけど。
　　何かほしいものがあったら、喜んで持ってきます。

2. **A** There is always a ton of work to do.
　　B Can I help?
　　A I'm not sure what you could do to help.
　　B There must be something I can do.

　　すべき大量の仕事が、いつもあるのよ。
　　手伝おうか？
　　何を手伝ってもらえるか、よく分からないけど。
　　僕にできることが何かあるはずだよ。

3. **A** If you don't mind, I'd like to check my email before I leave.
　　B I'm not sure there'll be enough time.
　　A What time is our reservation?
　　B It's at seven.
　　A Don't worry. There will be enough time.

　　差し支えなければ、出掛ける前にメールをチェックしたいのですが。
　　十分な時間があるか、よく分からないのだけど。
　　予約の時間は何時ですか？
　　7時よ。
　　心配しないで。**十分な時間がありますよ。**

4. A What did she say she was going to buy?

  B That purple dress.

  A There is no way that she can afford such an expensive dress.

  B There is no need to be so negative. There is nothing wrong with her spending her money now she wants to.

彼女は何を買うつもりだって言ってた？
紫のドレス。
そんな高価なドレスを買う余裕が、彼女にあるわけないわ。
そんな否定的になる必要はないんじゃない。今したいことに自分のお金を使うのは、何もおかしくわないわ。

5. A Why is everyone arguing?

  B There is always a disagreement at these meetings.

  A There must be an easier way to run the meeting.

  B We're open for suggestions.

  A Let's try putting together a detailed agenda.

  B I think that's a good starting point.

何でみんな言い争ってるんだろう？
こういった会議では意見の相違がいつもあるのよ。
会議を運営するもっと簡単な方法があるはずだよ。
提案、歓迎よ。
詳細な議題一覧を取りまとめてみよう。
手始めにいいと思うわ。

*put together ～　～を取りまとめる

6. A What are you doing?

  B I'm getting ready for Andrew's surprise party.

  A How many people are coming?

  B There will be about 50.

  A Do you want me to help?

  B There are so many things you can do.

  A There is no time to waste then, is there?

何してるの？
アンドリューのサプライズパーティーを準備してるんだ。
何人が来るの？
だいたい50人くらいかな。
手伝ってほしい？
君ができることは、とてもたくさんあるよ。
それじゃ、無駄にしてる時間はないわね？

1.　A　Is there any chance I can ride with you?
　　　B　That shouldn't be a problem.
　　　A　Is there enough room?
　　　B　Of course there is.

　　　　　同乗できる可能性はある？
　　　　　問題ないはずだけど。
　　　　　空きは十分ある？
　　　　　もちろんあるよ。

2.　A　There seems to be some confusion.
　　　B　What do you mean?
　　　A　Everyone is confused about the time the party starts.
　　　B　Is there any way you can call everyone in time?
　　　A　Well, I'm going to send emails. That'll be much easier.

　　　　　いくらか混乱があるようだね。
　　　　　どういうこと？
　　　　　パーティーが始まる時間について、みんな混乱しているんだ。
　　　　　みんなと時間内に電話する方法ある？
　　　　　そうだね、メールを送るつもり。それがずっと簡単だろうね。

3.　A　It's not like you to do such poor work.
　　　B　Is there any opportunity to redo the report?
　　　A　Yes. Have it to me by Monday.
　　　B　There goes my weekend.
　　　A　It's worth taking the time to do it right.

　　　　　そんなひどい仕事をするなんて、あなたらしくないわね。
　　　　　報告書を書き直す機会はありますか？
　　　　　ええ。月曜日までにちょうだい。
　　　　　週末が台無しだ。
　　　　　きちんと行うため、時間をかける価値はあるわ。

4.

A Is there any food left?

B I don't think so. I think we ate it all.

A There goes my dinner.

B It's no use complaining. You should have been home earlier.

A I had to work late.

B It's time to think about your work-life balance.

残っている食べ物はある？
ないと思うわ。全部食べたと思う。
夕食が台無しだ。
不平を言っても無駄。もっと早く帰ってくればよかったのよ。
遅くまで仕事しなければならないんだ。
仕事と生活のバランスについて考える時ね。

5.

A Is there enough time to take a shower?

B It's just about time to leave.

A But I just got up!

B It's no wonder you're late all the time.

A Is there any chance we can leave a little later?

B No! We'll miss our flight.

A OK, I'll be really quick.

シャワーを浴びる時間は十分にある？
まさに出発する時間よ。
でも、僕は起きたとこだよ！
あなたがいつも遅刻するのも当然ね。
少し遅く出発できる可能性ある？
ない！　飛行機に乗り遅れちゃうわ。
分かった。大急ぎするよ。

＊miss one's flight　飛行機に乗り遅れる

1. A   They said there is a twenty-minute wait.
    B   I don't like it when there is such a long wait.
    A   Twenty minutes isn't too bad.
    B   Yes, it is.

    待ち時間が20分あると言ってました。
    待ち時間があまりに長いのは好きじゃない。
    20分ならそんなに悪くはないわ。
    いや、悪いね。

2. A   Would you like to go out for dinner tonight?
    B   No. I'd like to order pizza.
    A   I like that idea. Where should we order from?
    B   How about ABC Pizza?
    A   They are supposed to take ages to deliver.

    今晩の夕食、外食したい？
    いえ、ピザを注文したいんだけど。
    いい考えだね。どこに注文する？
    ABC ピザは？
    配達、すごい時間がかかると思うけど。

    *take ages　とても長い時間がかかる

3. A   I'd like to get my hair cut.
    B   How short do you want it?
    A   I'm not sure.
    B   I think you should have it really short.
    A   I think I like it better long. I'm thinking about dying my hair.
    B   What color?
    A   I'd like to go blonde.

    髪を切ってもらいたいのですが。
    どのくらい短くしたいですか？
    よく分かりません。
    とても短くした方がいいと思います。
    長い方がいいかなと。髪を染めようと思います。
    何色ですか？
    金髪にしたいです。

4.

A Do you have any weekend plans?
B I'm thinking about cleaning the house.
A I'll help you.
B Great!
A I think we need to clean the windows, too.
B I'd like to hire someone to do that.
A We can do it ourselves. It'll save us some money.
B OK, let's try to do it ourselves.
A Let's get started right now!

週末の予定ある？
家の掃除を考えてるんだけど。
手伝うよ。
素晴らしい！
窓もきれいにする必要があると思うよ。
それをしてくれる人を雇いたいんだけど。
僕たちでできるよ。お金の節約になるし。
分かった、自分たちでやってみましょう。
早速、始めよう！

5.

A I've been thinking of buying a new car.
B It is said that October is the right time for buying cars.
A I think I'll go look at them this weekend.
B What cars do you like?
A I like ABCs the most.
B I think you should test-drive a few different ones.
A I'm planning on it.
B Are you going to sell the car you have now?
A Well, I don't know who would buy it.
B I would. I like your old car.

新車の購入をずっと考えてきたんだ。
10月は車を購入する好機だって言われてるね。
今週末、見に行こうかと思ってる。
どんな車がいいの？
ABC社の車が一番いいな。
何台か他の車も試乗した方がいいと思う。
そのつもりだよ。
今の車は売るつもり？
そうだな、誰が買うか分からないからなあ。
わたしが買うわ。あなたの古い車がいいから。

1. **A** I never thought I'd learn to surf.
B You're doing really well at it.
A Do you think we can go surfing again tomorrow?
B I don't think we'll have time.

サーフィンを習うなんて思ってもみなかった。
本当に上手にやってるね。
明日またサーフィンに行けると思う？
時間があると思わないけど。

2. **A** What do you want to do tomorrow?
B I want to go fishing.
A That sounds like fun.
B Do you think we can leave in the morning?
A I can't think of a reason why not.

明日は何をしたい？
釣りに行きたいな。
楽しそうね。
朝のうちに出発できると思う？
できない理由が思い付かないわ。

3. **A** Congratulations on the new job!
B I can't believe they offered it to me.
A Why is that?
B I don't know. I never thought I could get it.
A I want you to start believing in yourself.

新しい仕事、おめでとう！
彼らがオファーしてくれたなんて、信じられないわ。
なんでだろう？
分からない。その職に就けるとは思ってもみなかった。
自分自身を信じるようになってほしいね。

4. A What do you think of the Yankees?

B I don't think they're very good this season.

A Right. The last thing I want to do is watch them lose again.

B Me, too. Do you think we should go watch them tonight?

A No, let's watch it on TV instead.

ヤンキースについてどう思う？
今シーズンはあまりいいとは思わないな。
そうね。彼らの負けをまた見ることだけは勘弁だわ。
僕もだ。今晩、見に行くべきだと思う？
いいえ、テレビ観戦にしときましょうよ。

5. A Hi, Mom! What's up?

B I just wanted to see how you're doing.

A I'm doing really well.

B What do you think of coming to dinner tomorrow?

A I can't think of anything better.

B Do you want to come over around four?

A OK. I'll be there then.

もしもし、母さん！　どうしたの？
あなたがどうしてるか知りたかっただけよ。
とても元気にやってるよ。
明日の夕食、食べに来ない？
最高だね。
4時ごろ来る？
いいよ。じゃその時。

*What's up?　どうしたの？

6. A What do you think of wallpapering the bedroom?

B I've been thinking about that, too.

A What color were you thinking of?

B I like blue. Not a dark blue though.

A Do you want a brighter color, then?

B Yeah, I was thinking of yellow.

寝室に壁紙を張ることについてどう思う？
僕もそれ考えていたんだ。
何色を考えてた？
青がいいなあ。でも、濃い青じゃなくてね。
じゃあ、もっと明るい色がいい？
うん、黄色を考えていた。

1. **A** Do you know how to speak German?
B No. Why?
A I need to take German classes.
B Oh, do you? My sister speaks German.
A Do you think she can help me?

どうやってドイツ語を話すか分かる？
いや。どうして？
ドイツ語の授業を受ける必要があるのよ。
ああ、そうなんだ。姉がドイツ語を話すよ。
お姉さんが手助けできると思う？

2. **A** Do you want to join my band?
B I don't know how to play any instruments.
A I need a lead singer.
B I don't know why you're asking me.
A I heard you were a good singer.

バンドに参加しない？
どうやって楽器を演奏するか分からないんだけど。
リードボーカルが必要なんだ。
なぜわたしに尋ねるのか分からないわ。
歌が上手いと聞いたから。

3. **A** I don't know if I can make it to the party.
B Do you want me to reschedule it?
A No. Don't worry about me.
B I don't know why you never want to go to a party.
A It's not that. I wish I could make it.

パーティーに出席できるかどうか分からないわ。
日程を変更しようか？
いえ、わたしのこと気にしなくていいわ。
なんで君がパーティーに行きたがることがないのか分からないよ。
そんなことないわ。都合がつけばいいのだけれど。

4. **A** Do you want to go rollerblading?
B I don't know how to rollerblade.
A That's OK. I can teach you.
B I need to tell you something.
A What's that?
B Frankly speaking, I'm afraid of hurting myself.
A Don't worry. It's a piece of cake.

B OK. I'll trust you.

ローラーブレードしに行かない？
どうやってローラーブレードをするのか分からないけど。
問題ないよ。教えられるから。
一言、言っておく必要があるんだけど。
何？
正直言って、けがしたくないのよ。
心配しないで。簡単だから。
分かった。信じるわ。

＊frankly speaking　正直に言って／It's a piece of cake.　簡単である。

5.
A What's wrong?
B I need a break.
A Why don't you sit down and rest?
B I don't know if I'll get the project done on time.
A Do you want me to work on it for a while?
B Oh, that would be great. You don't know how important it is to me.
A I do. Now go take a break.
B Thanks. Let me know if you have any questions.
A I will.

どうしたの？
休憩が必要なんだけど。
腰掛けて休んだら。
計画が予定通りに終わるか分からないわ。
しばらくの間、僕がそれに取り組もうか？
あっ、それはありがたい。それがわたしにとってどれだけ重要か分からないでしょう。
分かるよ。じゃ、ちょっと休んで。
ありがとう。何か分からないことがあったら、教えて。
そうする。

6.
A Do you want me to stop at the grocery store?
B Do you know what we need?
A Sure, I have the shopping list.
B What do you want to get?
A Just the things on the list.

食料品店に立ち寄ろうか？
何が必要か分かる？
もちろん、買い物リストがあるし。
何を手に入れたいの？
リストにあるものだけだよ。

Review 131-140

1.
   A I need you to work this weekend.
   B Do you mean I have to work all weekend?
   A No, you don't need to work on Sunday.
   B OK, no problem.

> 今週末、仕事してもらう必要があるんだけど。
> 週末ずっと働かなければならないんですか？
> いえ、日曜日に働く必要はありません。
> 分かりました、大丈夫です。

2.
   A Would you mind lending me your car tomorrow?
   B No, go ahead. How long do you need it for?
   A Only a few hours. All I need is to go to the shopping mall and back.
   B OK. Mind how you go.

> 明日、車を貸していただけますか？
> ええ、どうぞ。どれぐらいの間、必要？
> ほんの数時間です。モールに行って帰ってくるだけでいいんで。
> 分かったわ。じゃあ気を付けて。

*go ahead　どうぞ

3.
   A Do you want a drink?
   B Do you mean you're buying?
   A If you like.
   B I didn't mean to say you have to buy.
   A No problem. Maybe you can buy next time.

> 飲みたい？
> 買うつもりということ？
> よかったら。
> 買わなければならないとあなたに言うつもりはなかったんだけど。
> いいよ。多分、次は買ってくれるから。

4.
   A Do you mind if I move to California?
   B What do you mean by that?
   A I have my eye on a job there.
   B Do you mean you're going to apply for it?
   A Yes, I will if you don't mind.
   B I'll miss you so much.

> カリフォルニアに引っ越してもいいかな？
> それはどういう意味？
> そこでの仕事に目を付けてるんだけど。
> それに応募するつもりってこと？

うん、差し支えなければ。
とても寂しくなるわ。

＊have one's eye on ～　～に目を付ける

5.
A I need you to wash the car.
B I don't mind washing the car.
A Would you mind doing it today?
B Can I do it this afternoon?
A That would be perfect.
B Right. I'll do it then.

車を洗ってもらう必要があるんだけど。
洗っても構いませんよ。
今日してくれる？
午後でもいいですか？
願ってもないわ。
分かりました。そうします。

6.
A I need you to finish the report.
B I've already finished it.
A What do you mean?
B I mean, I was just getting ready to turn it in.
A Do you mind if I look it over?
B No, I don't mind you reviewing it.
A Thanks for doing this.
B All I need is to put together the cover page.
A I can help you with that.

報告書を仕上げてもらう必要があるんだけど。
もう仕上げました。
どういう意味？
つまり、提出する準備ができたところです。
ざっと目を通してもいい？
ええ、見直してくださっても構いませんよ。
そう言ってくれてありがとう。
あと必要なのは表紙ページを合わせるだけです。
それ手伝えるわ。

＊turn in ～　～を提出する

1.
A How do you feel about letting me help you?
B I don't feel like having to explain everything.
A I'm a quick learner!
B I think I'll just do it myself if that's OK.

手伝ってもいいかしら？
全部説明せねば、という気分ではないんだけど。
飲み込みが早いから！
問題なければ、独りでやるつもりだけど。

＊quick learner　飲み込みが早い人

2.
A Feel free to criticize me.
B About what?
A My new dress. Do I look OK? Or am I overdressed?
B You look amazing!
A Good.

忌憚のない意見を聞かせて。
何について？
わたしの新しいドレス。似合ってる？　それともドレスアップし過ぎ？
すてきに見えるわ！
よかった。

3.
A I don't feel like going to work today.
B Why? What's wrong?
A I feel terrible.
B You look like you're not well actually.
A I feel like my whole body's aching.
B I think you should stay home today.

今日は出勤する気分じゃないよ。
なぜ？　どうかしたの？
ひどい気分なんだ。
本当に具合が悪そうね。
全身が痛む感じ。
今日は家にいるべきだと思うわ。

4.
A Feel free to stop by for dinner tonight.
B What are you having?
A How about steak and potatoes?
B That sounds amazing!
A Would you care for wine with dinner?
B Sure. I'll bring a bottle.

遠慮なく今夜、夕食に立ち寄ってください。
何にする予定ですか？
ステーキとポテトはどうですか？
素晴らしいですね！
夕食にワインはどうでしょう？
いいですね。ボトルワインを持っていきます。

5.
A How do I look?
B You look great. What have you been doing?
A I've been exercising and eating healthy.
B I don't care what I look like, but I want to be healthy.
A Do you feel like coming jogging with me?
B Hm, maybe.

どう？
よく似合ってるよ。どうしてたの？
運動して体にいいものを食べてたのよ。
自分がどう見えるかは気にしないけど、健康ではいたいね。
一緒にジョギングしに来ない？
うん、多分。

6.
A You look like a model.
B I have a date tonight.
A Who's the lucky guy?
B It's Michael. I work with him.
A How do you feel about him?
B Pretty good actually.
A Does he feel the same?
B Yes, he said he cares about me very much.
A Well, I hope you have a great time on your date.
B Thank you.

モデルのように見えるわ。
今夜、デートなの。
幸運な人は誰？
マイケルよ。彼と一緒に働いてるの。
彼についてどう思うの？
実際のところ、なかなかいいわ。
彼も同じように感じてるのかしら？
ええ、わたしのことをとても気に掛けてると言ったわ。
そうね、素晴らしいデートになるといいわね。
ありがとう。

1. **A** What if she doesn't like me?
   B It seems like she's really into you.
   A Are you sure?
   B I wouldn't lie about this.

   > 彼女が僕を好きじゃなかったらどうしよう？
   > 彼女は本気で夢中なようよ。
   > 本当なの？
   > このことで嘘はつかないわ。

2. **A** Thank you for your help on the project.
   B It seems like it was easier than you were expecting.
   A You're right. It wasn't as bad as I had thought.
   B Let's get a drink to celebrate!
   A That sounds like a good idea!

   > プロジェクトへの手助けありがとう。
   > あなたが予想していたよりも簡単だったようです。
   > あなたが正しいわ。考えていたほどには悪くはなかった。
   > お祝いに一杯飲みましょう！
   > それはいい考えね！

3. **A** Did you make a decision?
   B I'm going to buy the car.
   A It sounds like a really good deal.
   B I really appreciate your opinion.
   A Anytime.

   > 決めましたか？
   > その車を買います。
   > 本当に良い取引のようですね。
   > ご意見に心から感謝いたします。
   > いつでも。

4. A What kind of clothes should I wear to my interview?

 B Formal business clothes of course.

 A I don't have any business clothes.

 B What about a dress?

 A This is my only dress.

 B I have a very formal business dress you can borrow.

 A It sounds like I need that.

　　面接にはどんな服を着ていくべきかしら？
　　もちろん、フォーマルなビジネスウエアよ。
　　ビジネスウエアは持ってないのよ。
　　ワンピースはどうかしら？
　　ワンピース、これしかないのよ。
　　とてもフォーマルなビジネスウエア持ってるから、貸してあげるわ。
　　わたしには、それ必要みたいね。

5. A Do you want to come to the party this weekend?

 B Yes. It sounds like fun.

 A It will just be me and a bunch of my friends.

 B What are your friends like?

 A They're really fun and laid-back.

 B It seems like I'll get along well with them then.

 A I think so, too. I would appreciate it if you brought some beer.

 B OK. I'll thank you to introduce me to your friends.

　　今週末、パーティーに来る？
　　ああ。**楽しそうだね。**
　　僕と友達だけのね。
　　友達はどんな感じ？
　　とても楽しくて気軽だよ。
　　じゃあ、**彼らとはうまくやっていけそうだね。**
　　僕もそう思うよ。**ビールを持ってきてくれるとありがたいけど。**
　　いいよ。**友達に紹介してくれるとありがたいよ。**

＊laid-back　気軽な

1. **A** You have to pick a font.
   B Which one do you normally pick?
   A Who's going to be reading the report?
   B Managers. So it needs to look professional.

   書体を選ぶ必要があります。
   普段どちらを選びますか？
   誰が報告書を読むんですか？
   マネジャーたちです。だから、プロフェッショナルな感じに見える必要があります。

   *font　書体

2. **A** What do you say we grab a beer later?
   B Sounds good to me.
   A Which do you like better, the bar on Main or 3rd Street?
   B I like the bar on Main Street better.
   A I'll invite a few other people to meet us there, too.
   B Who's going to be there?
   A Just a few people from work.

   後でビールを飲まない？
   よさそうだね。
   メイン・ストリートと3番街のバーのどちらがいい？
   メイン・ストリートのバーの方がいいな。
   他に何人か、そこで落ち合う人たちも招待するから。
   誰が来るの？
   同僚がほんの数人だよ。

3. A What's the best way to get to the convention center?

B Which way are you coming from?

A We're coming from the south.

B I'd take the highway. Who's going with you?

A Mr. Brown.

B Really? What has happened to him?
He wasn't interested in the trade fair.

A Our most important client is going to be there.

コンベンションセンターに行く最善の方法は何だろう？
どちらから来るの？
南の方から行くよ。
ハイウエーがいいんじゃない。誰と行くの？
ブラウンさんと。
本当？　彼に何があったのかしら？
その見本市に興味がなかったのに。
わが社の最重要顧客がそこに来るんだよ。

4. A Those dresses are really pretty.

B Which do you like better, the red or blue one?

A I like them both.

B But, which one do you prefer?

A It depends. Who is your date?

B Ryan from work.

A I'd wear the blue dress then.

B What makes you say that?

A He always wears blue to work.

B You have a good memory!

そのドレス、本当にかわいいわね。
赤と青のどっちがいい？
両方いいわ。
でも、どっちが好き？
場合によりけりね。デートの相手は誰？
同僚のライアンよ。
じゃあ、青いドレスを着るわ。
なんでそう言うの？
仕事で彼はいつも青い服を着てるから。
記憶いいわね！

1. A Do you want to go bicycling today?
   B I can't. I have a broken ankle.
   A When did you break your ankle?
   B Last week.

今日、サイクリングに行かない？
無理。足首を骨折してるんだ。
いつ足首を骨折したの？
先週。

2. A Where's the best place to buy a car?
   B Why do you want to know?
   A I need a new one.
   B Didn't you just buy a car last month?
   A Oh, that was for my wife. Now I need one for myself.

車を買うのに最適な場所はどこかな？
なんで知りたいの？
新しいのが1台必要だから。
先月、車買ったばかりじゃなかった？
ああ、あれは妻のだよ。今度は僕自身のが必要なんだ。

3. A Where can I get help studying math today?
   B I can help you!
   A Awesome! When would be a good time for you?
   B I can meet you at the library around 3.
   A That works for me!

数学の勉強は、今日どこで手助けしてもらるんだろう？
わたしが手伝えるわ！
素晴らしい！　**いつが都合がいい？**
3時ごろに図書館で会えるわ。
それで大丈夫だよ！

＊That works for me.　それで大丈夫です。

4. A When do you plan to start a new job?
   B I applied for a few jobs today actually.
   A Where did you apply?
   B Several restaurants and a few offices.
   A When was the last time you applied for a job before today?
   B It's been a few months.

新しい仕事にはいつ就く予定ですか？
実は今日、いくつかの仕事に応募しました。

どこに応募しましたか？
レストランと事務職をそれぞれいくつか。
今日以前で、最後に職に応募したのはいつですか？
数カ月前です。

＊apply for 〜　〜に応募する

5.　**A**　Where's the best place to shop for clothes?
　　　B　I would recommend going to a mall.
　　　A　Where's the nearest mall?
　　　B　There's one about 5 miles east of here.
　　　A　Do you want to come shopping with me?
　　　B　Why are you so anxious to go shopping?
　　　A　I need to find a dress for a party.

　　　洋服を買うのに最適な場所はどこ？
　　　モールに行くのがお薦めね。
　　　一番近いモールはどこ？
　　　ここから5マイルくらい東にあるわ。
　　　一緒に買い物に行かない？
　　　なんでそんなに買い物に行きたいの？
　　　パーティー用のドレスを見つける必要があるのよ。

6.　**A**　Why are you so tired?
　　　B　I haven't been sleeping much.
　　　A　Why not?
　　　B　I'm worried about work.
　　　A　Why are you so worried about work?
　　　B　I have a report due tomorrow.
　　　A　Why do you wait until the last minute to do projects?
　　　B　I don't know. I'm my own worst enemy.

　　　なんでそんなに疲れているの？
　　　あまり眠れなかったんだ。
　　　どうして眠れなかったの？
　　　仕事が心配で。
　　　どうしてそんなに仕事について心配してるの？
　　　明日締切の報告書があるんだ。
　　　なぜプロジェクト実行の土壇場まで待つの？
　　　分からない。最悪の敵は自分なんだ。

1. **A** How much does it cost to get in?
   B Only $100 if you book in advance.
   A That's much too expensive. How dare you expect me to pay for it!
   B No, I don't mean "you" book — I'll pay my share.

> 入るのにいくらかかる？
> あらかじめ予約しておけば、ほんの100ドルだよ。
> 高過ぎよ。よくもまあ、わたしにそれの支払いをしてもらえるなどと期待するわね！
> いや、「君が」予約するということじゃなくて、僕の分は払うよ。

2. **A** How did your job interview go?
   B I got the job!
   A How do you know that?
   B They told me when I finished the interview.

> 就職面接はどうだった？
> 仕事が決まったわ！
> それを、どうして知っているの？
> 面接が終わった後、言われたの。

3. **A** What do you want for lunch?
   B How about ordering pizza?
   A Again! OK, why not.
   B What do you want on your pizza?
   A How about pepperoni and bell peppers?
   B I'll call and order it.

> ランチに何を食べたい？
> ピザを注文しない？
> また！　分かった、いいよ。
> ピザに何を載せたい。
> ペパロニとパプリカはどう？
> 電話してそれ注文するよ。

4. **A** How do I know you?
   B We went to high school together.
   A That's right! I remember now.
   B How could you forget that?
   A It's been such a long time.

> あなたのこと、どうしてわたしが知っているの？
> 一緒に高校通ったじゃない。
> そうね！　ようやく思い出したわ。
> どうしてそれを忘れることができるの？
> ずいぶん時間がたってるから。

5. **A** Why don't you come to my house for dinner?
    B I don't think I can make it tonight.
    A How about tomorrow then?
    B That will work for me.
    A OK. Is 7 o'clock OK?

    うちに夕食に来ない？
    今晩は行けないと思う。
    それじゃ明日はどう？
    それなら大丈夫よ。
    分かった。それじゃ7時でいい？

6. **A** How was your summer vacation?
    B It was amazing!
    A It was your first time on a plane, wasn't it?
    B Yes. I was nervous!
    A How do you like flying?
    B No problem. It was really easy.

    夏休みはどうだった？
    素晴らしかったわ！
    飛行機に乗ったの初めてだよね？
    ええ。緊張した！
    空の旅は気に入った？
    問題なかった。本当に楽だったわ。

7. **A** What are we having for dinner?
    B I'm grilling some steaks.
    A Sounds amazing.
    B How would you like yours cooked?
    A Why don't you just do what's easiest?
    B How about cooking them all well-done?
    A That's a good idea.

    夕食、何にする？
    ステーキを焼くつもりだけど。
    素晴らしいね。
    あなたのはどう調理したらいい？
    一番簡単なことをしたらどう？
    全部ウェルダンにする？
    それはいい考えだね。

＊grill　〜を焼く

Review 191-200

1.
A Are you feeling OK?
B No, I'm really sick.
A Maybe we should go to the doctor's.
B I should have gone to the doctor's yesterday.
A How long have you been sick?
B For three days now.

調子はいい？
いや、本当に具合が悪い。
医者に行った方がいいかもしれないわね。
昨日、医者に行くべきだったよ。
病気になってどのくらいたった？
これで3日。

2.
A I'm going to ride my bike to the library.
B How far is it?
A It's about 5 miles away.
B How often do you ride your bike there?
A Two or three times a week.

これから図書館まで自転車で行く。
どのくらいの距離？
だいたい5マイル。
どのくらいの頻度でそこに自転車に乗って行ってるの？
1週間に2、3回だね。

3.
A I forgot to feed the dog again this morning.
B How many times do I have to remind you?
   Poor dog. You should try to go without eating all day and see how you like it.
A I'll feed him when I finish work and get home.
B How long will you work?
A Another hour, I think.

今朝また犬に餌をあげるのを忘れちゃった。
何回リマインドしなければならないの？
かわいそうな犬。**丸一日、あなたも食事なしで済ませてみて、**
自分がどうなるか確かめる**べきだわ。**
仕事が終わって家に着いたら餌をあげるよ。
どのくらいの間、働くつもり？
あと1時間かな。

330

4.
A Do you want to watch a movie tonight?
B Yes. But I have to finish some work first.
A How soon can you finish?
B I'm not sure.
A You have to tell me.
B For three or four more hours I guess. Maybe 9 o'clock.
A Maybe we should wait till tomorrow instead.
B That will work for me.

今晩、映画を見たい？
ええ。でも、まず仕事を片付けなくちゃ。
どのくらい早く仕上げられる？
分からないわ。
教えてくれないと。
3時間か4時間かしら。おそらく9時。
それじゃ、**明日まで待った方がいいかもしれないね。**
そうしてくれるとありがたいわ。

5.
A Where are you?
B I'm stuck in traffic.
A How long have you been driving?
B For three hours.
A How far are you?
B I only have about 10 miles to go.
A How long does it take to go 10 miles in heavy traffic?
B Probably 30 minutes in this traffic.
A You're really late.
B I know, but there's nothing I can do.

どこにいるの？
渋滞にはまってるんだ。
どのくらい運転しているの？
3時間。
どのくらいの距離にいるの？
あと約10マイルだけってところだけど。
交通渋滞の中、10マイル進むのにどのくらい時間がかかるかしら？
この渋滞だと多分30分かな。
ずいぶん遅いのね。
分かってるよ。でも、どうしようもないんだ。

＊stuck in traffic　渋滞にはまって

1.   **A**   I'm going to go shopping later.
        B   I'll come with you!
        A   You don't have to come with me.
        B   I know, but I've got to get a few things at the store.

> 後で買い物にいくつもりだけど。
> 僕も行くよ！
> **一緒に来る必要はないわ。**
> 分かってる、でも、**店でいくつか買い物をしなければならないんだ。**

2.   **A**   What do we have to do today?
        B   The first thing we have to do is mow the grass.
        A   I can do that!
        B   What should I do?
        A   Why don't you water the garden?

> 今日は何をしなくちゃいけないの？
> **まずしなければならないことは、芝生を刈ること。**
> それできるわ！
> **僕は何をしたらいいかな？**
> 庭に水をまいたら。

3.   **A**   You shouldn't turn here.
        B   Do I have to turn around?
        A   No. You'll have to turn left up here.
        B   I'm awful at directions!
        A   You'd better get a GPS.
        B   I'm thinking about it.

> **ここで曲がるべきじゃないよ。**
> **Uターンしないといけない？**
> いや。**ここで左折することになるよ。**
> 方向音痴ね！
> **GPSを買った方がいいよ。**
> 考えておくわ。

4. A What should I order here?
B The salmon is really good!
A I think I'll get that then.
B You'll have to get a salad with it.
It's the perfect combination.
A I have to say you have good suggestions.
B You'd better believe it.
A What should I get to drink?

ここでは**何を注文すべきかしら？**
サーモンがとてもおいしいですよ！
じゃあ、それにしようかな。
それにサラダを添えていただくことになります。
それが完璧な組み合わせです。
よい提案をすると言わざるを得ないわね。
信じた方がいいですよ。
何を飲むべきかしら？

5. A We've made some changes to the work schedule.
B I know. What do I have to do now?
A Your job hasn't changed. Just the time you work.
B Oh?
A You'll have to work a few evenings each week.
B Do I have to work weekends?
A No, only weekdays.
B I have to say that's not too bad.

勤務予定を少し変更しました。
知っています。**今、何をしないといけないですか？**
仕事は変わらないわ。勤務時間だけ。
えっ？
毎週数日、夜に働くことになります。
週末、働かないといけませんか？
いえ、平日だけです。
そんなに悪くないと言わざるを得ません。

1.   **A**   Have you seen my dog?
       B   No. Is he missing?
       A   He ran away yesterday.
       B   I'm sure that he'll come home.

       わたしの犬を見ましたか？
       いや。いなくなったんですか？
       昨日、逃げ出したんです。
       間違いなく家に戻ってきますよ。

2.   **A**   Have you ever been on a cruise?
       B   Yes! I've been on a few.
       A   I've decided to book a cruise for this summer.
       B   You'll love it!
       A   I've heard they're amazing.

       クルーズをしたことがありますか？
       ええ！ 数回乗ったことがあります。
       この夏のクルーズを予約することにしました。
       好きになりますよ！
       素晴らしいと聞きました。

3.   **A**   Have you ever been skiing?
       B   Yes, I've been skiing a few times.
       A   I've decided to plan a ski trip this winter.
       B   Where are you going?
       A   I've heard Colorado is the best place to go for a resort vacation.

       スキーをしたことがある？
       ええ、数回したことがあるわ。
       この冬、スキー旅行に行くことにしたんだ。
       どこに行くの？
       コロラドはリゾート休暇に行くのに最高の場所だって聞いたんだ。

4. **A** Have you heard John got hurt?

B No. Why?

A He said he would call you.

B I've decided to leave my phone off during work.

A Is that why you never answer my calls?

B I've been too distracted by it.

A I'm sure that you're missing a lot of calls.

B I always check my messages after work.

ジョンがけがしたこと聞いた？
ないけど。どうして？
彼、あなたに電話するって言ってたけど。
仕事中は受話器を外しておくことにしたんだ。
電話に出たことがない理由はそれだったのね。
それで気が散りすぎてたし。
多くの電話がつながらなかったはずよ。
仕事の後、メールをいつもチェックしているから。

5. **A** Have you seen my keys?

B No. Where have you looked for them?

A I've been looking all over for them.

B When do you need to leave for work?

A I'm already late!

B I'll double-check for you.

A I'm sure that I've looked everywhere.

わたしの鍵、見た？
いや。どこを探した？
ずっと探し回っているわ。
仕事にはいつ出る必要がある？
もう遅刻だわ！
ダブルチェックするよ。
すみずみまで見たはずだけど。

MP3
R23

1. A Do you have any ideas for dinner?
    B It doesn't matter to me what we eat.
    A I wish you would give me some ideas.
    B How about pasta?

    夕食のアイデアはある？
    食べるのが何でも構わないよ。
    アイデアをくれたらいいのに。
    パスタはどう？

2. A I wonder what you're having.
    B I'm not sure if it's a boy or a girl.
    A I think it's a boy.
    B It doesn't matter to me as long as it's healthy.
    A Are you going to ask the doctor?
    B I'd rather be surprised than know in advance.

    （男女）どちらを妊娠しているのかな。
    男の子か女の子か、よく分からないけど。
    男の子だと思うな。
    健康でさえあれば関係ないわ。
    お医者さんに聞くつもり？
    事前に知るより、むしろ驚きたいわ。

3. A I wish I could win a lot of money.
    B What would you do with it?
    A I'm not sure what I'd spend it on.
    B You don't even know what you'd spend it on?
    A I'd probably give a bunch of it away.
    B Make sure that you give some to me!
    A I swear that I would.

    大金を獲得できたらいいのに。
    そうしたらどうする？
    何に使うかよく分からないわ。
    それを何に使うつもりかさえ知らないんじゃない？
    多分、多くはあげちゃうな。
    いくらか必ずください！
    そうすると誓うわ。

4.　A　What are you wearing tonight?
　　B　I don't know. How about you?
　　A　I have nothing to wear.
　　B　I told you not to stress about your clothes.
　　A　I wish I'd gone and bought a new dress.
　　B　I'm sure you have something you can wear.
　　A　I wonder what everyone else will be wearing.
　　B　Promise me you'll stop worrying about this.

今夜は何を着るの？
分からない。あなたは？
着ていくものないわ。
自分の服を気に病むなと言ったじゃない。
新しいドレスを買いに行けたらよかった。
着ていけるものが何かあるはずよ。
みんなは何を着るつもりなのかしら。
これについての心配はやめると約束して。

5.　A　Would you please go to the market?
　　B　Can't you go?
　　A　I'm watching the kids.
　　B　I'd rather watch the kids than go shopping.
　　A　Are you sure that you want to stay home with the kids?
　　B　It can't be that hard. Don't worry about me.
　　A　Promise me that you'll keep an eye on them.
　　B　I told you not to worry!
　　A　Do you need anything from the store?
　　B　Make sure that you get some cereal.

市場に行ってくれる？
君は行けないの？
子どもの面倒を見てるのよ。
ショッピングに行くより、子どもを見ている方がいいな。
子どもと一緒に家にいたいというのは確か？
そんなに難しいはずはないよ。心配しないで。
子どもたちから目を離さないと約束して。
心配するなと言ったじゃない！
店で何か必要なものはある？
シリアルを必ず買ってね。

ペク・ソンヨプ

前大学教授であり、ベストセラー作家にして実業家、教育者。
米国でジャーナリズム＆コミュニケーション分野で博士の学位を取得した後、韓国へ戻り言論学の教授、ベストセラー作家として20年間をエネルギッシュに活動した。現在はインド・ニューデリーでカリ小学校（Kari Elementary School）の代表を務め、韓国ではインド料理専門店Kariを経営している。
著書：『英会話核心パターン233-基礎編』（Gilbut Eztok）、『アメドラ英会話核心パターン233』（Gilbut Eztok）、『ビジネス英語Eメールパターン辞典』（サラムin）、『米国の20代が最もよく使う英語BOX』（ネクサス）、『テッパンパターン500で英語をストーキングせよ』（ログイン）、「英語ライティングパターン辞典」（サラムin）他多数

英会話日常表現活用ドリル2000+

発　行　日　　2020年6月25日（初版）

著　　　　者　　ペク・ソンヨプ

編　　　　集　　英語出版編集部
翻　　　　訳　　河井佳
校　　　　正　　Peter Branscombe、挙市玲子
デ ザ イ ン　　早坂美香（SHURIKEN Graphics）
ナレーション　　Howard Colefield、Karen Headrich、Jack Merluzzi、Julia Yermakov
D　　T　　P　　株式会社 創樹
印刷・製本　　日経印刷株式会社
録音・編集　　株式会社メディアスタイリスト

発　行　人　　田中伸明
発　行　所　　株式会社アルク
　　　　　　　〒102-0073 東京都千代田区九段北4-2-6　市ヶ谷ビル
　　　　　　　Website: https://www.alc.co.jp/

地球人ネットワークを創る

アルクのシンボル
「地球人マーク」です。

落丁本、乱丁本は弊社にてお取り替えいたしております。
Webお問い合わせフォームにてご連絡ください。
https://www.alc.co.jp/inquiry/

Printed in Japan PC: 7020005　ISBN: 978-4-7574-3638-1

Original Title: 영어회화 핵심패턴 233(2016개정판)
233 Essential Patterns for English Conversation by Baek Seon Yeob
Copyright © 2016 Baek Seon Yeob All rights reserved. Original Korean edition published by Gilbut Publishing Co., Ltd., Seoul, Korea
Japanese translation Copyright © 2020 by ALC PRESS INC. This Japanese Language edition published by arranged with Gilbut Publishing Co., Ltd. through Shinwon Agency Co.
No part of this publication may be reproduced, stored in a retrieval system, or transmitted by any means, electronic, mechanical, photocopying, recording or otherwise, without the prior permission of the copyright holder.

本書は韓国で刊行された『233 Essential Patterns for English Conversation』の日本語版です。原書で人名が韓国語になっているものや、韓国独特の文化に関する表現は出版社の許可を得て日本風のものに変更しています。